Wolfgang Prawda

DER FALL

Vom Geist zu Materie und Mensch

AF192228

Was war vor dem Urknall?

„Dass du nicht enden kannst,
das macht dich groß,
und dass du nie beginnst,
das ist dein Los!
Dein Lied ist drehend
wie das Sternengewölbe,
Anfang und Ende immerfort
dasselbe,
und was die Mitte bringt,
ist offenbar
das, was am Ende bleibt und
anfangs war!"

J. W. von Goethe

Wolfgang Prawda

Der Fall

Vom Geist zu Materie und Mensch

Eine kosmisch-philosophische Darstellung der
Entstehung des materiellen Universums
aus dem geistigen Universum
und seinen Gesetzmäßigkeiten

Was war vor dem Urknall?

© 2004 Wolfgang Prawda
Herstellung und Verlag: Books on Demand GmbH, Norderstedt
ISBN 3-8334-1623-8

Inhalt

AM ANFANG WAR DER GEIST

– der Logos –

„ES WERDE"

So ist schon aus der Physik (Max Planck) zu entnehmen, dass nicht die Materie der Ursprung allen Seins ist, sondern der Geist. Mithin ist unverständlich, warum die Wissenschaft immer noch von einem Ursprung kleinster, verdichteter Materie ausgeht, um so das Universum und seine Materie zu erklären. So gesehen, wäre auch aus dem sog. „Urknall" die Materienbildung nicht aus sich selbst zu erklären, denn was war davor?

Alle Materie des Universums unterliegt einem „Strickmuster" aus Informationen. Bei jedem lebendigen Wachstum, sei es Mensch, Tier oder Pflanze, haben das Licht (Photonen) sowie kosmische Urstrahlung und Gravitation einen direkten Einfluss auf Form, Struktur, Größe und Artenvielfalt. Ein lebendiges Beispiel, wie Information und Wachstum sich beim Menschen zeigt, sind unsere Fingerabdrücke. Kein Mensch auf dieser Welt hat genau die gleichen Fingerabdrücke. Ist dies auch ein Zeichen für die Existenz eines Energiekörpers (Seele) in uns?

Vielleicht sind die geistigen Frequenzen (Fingerabdrücke) ein Hologramm unserer Seele, sichtbar gemacht durch genetisch gesteuertes Wachstum aus geistiger Energie. Ist die Materie und damit auch der Körper des Menschen nur die Festplatte zur Speicherung einer kosmischen geistigen Software? Dann wäre unser Gehirn auch nur eine Festplatte mit Rechner, aber keinesfalls ein selbst denkendes Körperteil! Wenn wir z.B. falsch denken, so ist das keine Fehlfunktion des Gehirns, sondern des Denkers, denn ein Gehirn gleicht einem Computer und kann selbst keine Denkfehler machen, was beweist, dass unser Gehirn ein Hilfsinstrument des Menschen ist und aus sich selbst nichts erschaffen kann. Der Gehirntod des Menschen ist damit nur die Unfähigkeit der Festplatte, geistige Frequenzen weiter zu verarbeiten. Die Chips des materiellen Computers sind unbrauchbar geworden.

Meditation und Tiefenentspannung lässt menschliches Denken ruhen. So können auch Selbstheilungskräfte aktiviert werden, welche der kosmischen Ordnung unterliegen und nicht den menschlichen Gedanken. Sobald menschliche Ordnung in kosmische Gesetzmäßigkeiten eingreift, wird dies in jedem Fall zu Unregelmäßigkeiten führen, deren Ausmaß nicht vorausgesagt werden kann. Dies gilt insbesondere für Gen-Technik und viele elektromagnetische Techniken wie Mobiltelefon, Funk, Radar, Mikrowellen usw., aber auch für Umweltgifte aus Industrie, Autos, Flugzeugen usw..

Eine der gefährlichsten geistigen Umweltgifte sind die freien radikalen Gedanken von Menschen. Sie zerstören und verändern längst, bevor die Materie dieser Veränderung folgt. Die Gedanken von Hass, Macht, Geldgier und Hochmut führen letztlich im Äußeren zu Krieg, Vernichtung der Umwelt, Krankheit und Degeneration der Menschheit. Doch wenn wir umdenken und dem neuen Denken auch die Tat folgen lassen, so könnte das Wort Wirklichkeit werden: *„Und wäre euer Glaube nur so groß wie ein Sandkorn, wahrlich ihr könntet Berge versetzen.“*

In unserer Zeit würde ein solches Umdenken die Rettung der Mutter Erde bedeuten. Dieses Buch soll einen Anstoß geben, hierüber nachzudenken und in der Konsequenz zu handeln – denn: Wissen ohne Weisheit (die Tat!) bleibt immer nur menschliches Wissen.

Das Leben gleicht einem Buch:
Toren durchblättern es flüchtig,
der Weise
liest es mit Bedacht,
weil er weiß,
dass er es nur einmal lesen kann.

Jean Paul

Vorwort

Seit nunmehr 20 Jahren befasse ich mich mit der wohl am meisten gestellten und wissenschaftlich nicht gelösten Frage der Entstehung des materiellen Universums. Damit verbunden stellen sich mir drei weitere Grundfragen, die lauten:

Wer sind wir?
Woher kommen wir?
Wohin gehen wir?

Auslöser dieser Gedankengänge war der plötzliche Tod meines Stiefsohnes, welcher mit 19 Jahren durch einen Unfall ums Leben kam. Bis dahin war ich durch meine berufliche Laufbahn als Zeitsoldat im Bereich von atomaren Boden-Boden-Raketen tätig und bis zu dem einen geistig-religiösen Wissen begegnet, das mich aber noch nicht innerlich berührte. Es gab für mich zwar mehr als nur die Erde und unsere Galaxie, aber alles unter dem Aspekt der materiellen, logischen und verstandesgemäßen Anschauung eines weltlich ausgerichteten Menschen. Es zählte nur das, was ich sah und nachvollziehen konnte und was allgemein in unser selbst gemachtes Weltbild passte. Bis auf den Tag, an dem unser Sohn tödlich verunglückte.

Folgendes Erlebnis gab mir den Anstoß zum Nachdenken: Drei Tage nach dem Tod unseres Sohnes erlebten meine Frau und ich eine seltsame, fast unglaubliche Situation: Mitten in der Nacht wurden wir beide in einer Art Wachtraum geweckt und rochen intensiv das Parfum, was unser Sohn immer benutzte. Im gleichen Augenblick nahmen wir eine schemenhafte Gestalt wahr, welche die Gestalt unseres Sohnes hatte. Im Gegensatz zu meiner Frau vernahm ich sonst nichts Besonderes mehr. Als ich sie jedoch nach kurzer Zeit ansprach, fragte sie mich, ob ich nicht auch folgende Worte der Gestalt gehört hätte:

„Hör doch endlich auf zu weinen, ich bin schon ganz nass,
mir geht es doch gut!"

Ich sagte ihr, dass ich diese Worte nicht gehört habe. Vielleicht waren sie nur für sie bestimmt, denn von diesem Augenblick an weinte sie nicht mehr und ihre Trauer wandelte sich in Zuversicht und Hoffnung.

Da ich nun neugierig geworden war, hörte ich von der Möglichkeit von Tonbandstimmenaufnahmen aus dem sog. „Jenseits" aus einer Radiosendung mit Rainer Holbe. Ich machte Bekanntschaft mit einem Mann, der mich in die Aufnahmetechnik einführte, auf welche ich hier nicht eingehen möchte, da in der Nachahmung auch eine Gefahr besteht. Geistige Verbindung aufnehmen heißt auch, den richtigen Kanal für Senden und Empfangen zu finden, ohne Störungen, welche negative Auswirkungen haben können.

Mit Hilfe von Tonbandaufnahmen wollte ich mir nun selbst beweisen, dass es doch eine andere, feinstoffliche Ebene bzw. Dimension gibt, welche im Gegensatz zur materiellen oder energetischen Ebene nicht mit unseren üblichen Mitteln allein wahrgenommen werden kann. Somit lehnen wir sie ab, denn was das Auge, das Ohr und der Verstand nicht wahrnehmen und erklären können, das gibt es für uns schlicht und einfach nicht. Diese geistige Haltung ist den Menschen in Jahrhunderten immer wieder durch Schule, Erziehung, Technik und Wissenschaft eingeprägt worden. Das Jenseits jedoch fängt da an, wo unsere Sinne nichts mehr wahrnehmen. Also in uns und um uns herum und nicht nur in der Weite des Kosmos.

Das Auslöseereignis

Nun wollte ich es wissen und begann mit dem Tonbandstimmen-Experiment. Zunächst passierte tagelang nichts. Lediglich ein Knacken oder Klopfen war beim Abspielen manchmal zu hören, was seinen Ursprung jedoch auch in der Apparatetechnik haben konnte. Ich wollte schon aufgeben und nur die damalige Sendung im Radio von Rainer Holbe über Tonbandstimmen erhielt mein Interesse und meine Neugier aufrecht. Also versuchte ich es weiter – und siehe da, nach ca. einer Woche hatte ich einen ersten sog. Kontakt, der mein weiteres Leben tiefgreifend verändern sollte:

Nach dem üblichen Anrufen eines „Geistführers" in Meditation und dem nachfolgenden Abspielen des Tonbandes ertönte plötzlich mit leiser, paranormaler Sprache, fast wie ein Flüstern, der Satz, den ich nie mehr vergessen werde und der mich plötzlich in eine andere Welt versetzte. Er lautete:

„Hallo, Wolfgang – bist du da?"

Meine Empfindungen in diesem Moment sind nur schwer zu beschreiben. Zuerst wollte ich es nicht glauben. War es vielleicht Einbildung oder Phantasie? Also nahm ich das kleine Tonbandgerät und ließ es, ohne vorher auf die Stimme hinzuweisen, vor mehreren Personen aus dem familiären und beruflichen Bereich abspielen. Sie alle konnten diesen Satz „Hallo, Wolfgang – bist du da?" verstehen, wunderten sich jedoch über die flüsternde Stimmlage. Ich hütete mich zunächst zu erklären, dies sei eine Stimme aus dem Jenseits, um nicht als „Spinner" abgetan zu werden, denn beweisen konnte ich es ohnehin nicht. Für mich selbst jedoch war dies der Beweis, dass außerhalb unserer „normalen Wahrnehmung" noch andere Sphären oder Dimensionen existieren mussten.

In den weiteren Wochen erhielt ich noch verschiedene Botschaften, bevor ich den Kontakt wieder einstellte und keine weiteren Tonbandbotschaften mehr herstellen wollte. Der Grund hierfür lag auch in einer Botschaft, welche mir mitteilte, dass diese Botschaften nur eine Zulassung für mich allein waren, um mich und damit mein Bewusstsein besser entwickeln zu können. Es sollte aber kein Dauerzustand und damit keine Abhängigkeit von den Tonbandstimmen entstehen. Vielmehr wurde ich aufgefordert, meine Bewusstseinsentwicklung zu forcieren, so dass auch ohne Tonband auf telepathischem Weg Botschaften durch mich empfangen werden konnten. – Also eine Art innerer Stimme.

Eine meiner Fragen an die geistige Ebene lautete:

„Wieso ist es möglich, paranormale Stimmen auf Tonband zu empfangen, ohne Schallwellen, Mikrophon und ohne die Worte vorher selbst zu hören?"

Die Antwort erfolgte erstmals auf telepathischer Ebene, also ohne Tonband und lautete: „In euerer Technik kennt ihr Schallwellen, welche über ein Mikrophon in elektrische Impulse umgewandelt werden und über einen Magnettonkopf durch Ausrichtung von Eisen- oder Chrommolekülen gespeichert werden können. Ebenso können sie auch wieder abgespielt, d.h. abgerufen werden.

Nun, die feinstoffliche, geistige Welt braucht nicht die Materie, um die Kristalle anzuordnen. An Stelle des Kehlkopfes, welcher letztlich auch nur durch die Gedanken und Nervenimpulse im Gehirn aktiviert wird, tritt hier die geistig magnetische Frequenz ein, welche nicht den Gesetzen der Materie unterworfen ist. Mit anderen Worten werden die geistig magnetischen Impulse ohne Nutzung des Mikrophons direkt auf den Magnetkopf projiziert, und der ordnet und verstärkt damit die Moleküle. Da dies alles ohne Kehlkopf geschieht (keine Schallwellen), hört man die Stimme beim Abspielen paranormal, d.h. im Flüsterstimmen-Effekt.

Diese Erklärung ist logisch und technisch mit unserem heutigen Wissen nachvollziehbar, denn mit unseren Funk-, Radio- und Fernsehwellen erzielen wir den gleichen Effekt, d.h. elektromagnetische Frequenzen werden transformiert und durch Radio-, Funk- oder Fernsehgeräte hörbar und sichtbar gemacht.

Stellen wir uns einmal vor, eine Rundfunkfrequenz wird gesendet, z.B. eine wunderschöne Musik. Zunächst müssen wir Strom (Energie) haben, um das Radio zu aktivieren. Doch das genügt noch nicht, denn ohne das Radio einzuschalten, werden wir nichts wahrnehmen. Und noch weiter – wollen wir die Musik auf UKW hören, so muss der genaue Sender mit der speziellen Frequenz auf UKW eingestellt werden. Haben wir jedoch Mittelwelle (MW) gewählt, werden wir niemals den UKW-Sender mit seiner wunderbaren Musik empfangen können – gibt es ihn deshalb auch nicht?

Wohl kaum ein Mensch wird dies bezweifeln. Und noch etwas: Die Radiowellen durchdringen Wände, Häuser und den Körper des Menschen, ja der Mensch bewegt sich täglich in einem Wellen-Meer von ca. 80 – 100 verschiedenen Sendern und Frequenzen, und doch nimmt sein Körper es nicht bewusst wahr. Den Schlusspunkt setzt dann die Empfangsantenne und ihre Ausrichtung auf die Frequenz und den Sender. Stimmt die Antenne und Empfangsrichtung nicht, so wird der Empfang erheblich gestört oder unmöglich gemacht.

Der Vergleich technischer Sender und Empfänger mit den Gedanken (Geist) der Menschen

Ziehen wir nun Parallelvergleiche zum Menschen, so können wir sagen: Die Energie oder Kraft aus der Steckdose ist beim Menschen der feste Glaube. Der Glaube als geistige Frequenz hält die Verbindung zur Vollkommenheit und Unendlichkeit aufrecht. In der 7. Dimension (Vollkommenheit der göttlichen Ebene) im ewigen Sein löst sich der Glaube vollkommen in Wissen und Weisheit auf. Bis zur 7. Dimension erreicht er stufenweise mehr und mehr Erkenntnis und Weisheit.

Der Knopf zum Einschalten ist das Aktivieren des geistigen Bewusstseins mit dem Glauben. Die Suche nach dem richtigen Sender zum Empfangen ist die Ausrichtung des inneren Wesens auf die richtige, geistige Bewusstseinsebene (Frequenz). So ist es nur logisch, wenn Menschen behaupten, sie würden weder solche Dinge wahrnehmen noch hören. Stellen sie ihr Radio nicht an, so hören sie auch nichts, obwohl die Musik als Frequenz den ganzen Raum erfüllt.

Wieso also zweifelt der Mensch an Telepathie und geistigen Frequenzen, welche ihm Mitteilungen übermitteln können? Russische und amerikanische Geheimdienste haben sich durch Experimente mit Telepathie und Telekinese viele Jahre bemüht, diese geistigen Energien für ihre Zwecke zu nutzen, was Gott sei Dank nicht gelang. Es ist nur der Hochmut und das Nicht-zugeben-Wollen, dass wir in einer nur dreidimensionalen Welt leben und die Vorstellung schon bei der vierten Dimension endet. Geschweige denn bei den anderen Dimensionen bis hin zur siebten.

Nicht nur moderne Teleskope und Radioskope zeigen uns heute einen immer tieferen Einblick in den Kosmos, sondern Mystiker und Propheten konnten dies auf geistig-telepathischem Weg schon zu allen Zeiten.

Es ist die Frage zu stellen: Was haben wir bis heute daraus gelernt? Damit ist dem Phänomen „Jenseitsstimmen" aus wissenschaftlicher Sicht zumindest der Hauch von Scharlatanerie genommen und bedarf keiner „Hexenkunst". So weit die Vorgeschichte aus meinen Erfahrungen mit einer geistig-feinstofflichen Dimension.

Aus diesen Erfahrungen und anderen, mit vielen neuen Impulsen, wurde ich inspiriert, dieses Buch über die Entstehung unseres Universums, der Erde und damit der Menschen zu schreiben. Schöpfen durfte ich aus den Sphären unserer ewigen Heimat, welche durchdrungen sind von der ewigen Liebe des Schöpfers, so wie auch unsere gesamte Materie und das Universum davon durchdrungen sind.

Ziel soll es sein, hierdurch die negativen Energien von Macht, Hass, Geldgier, Krieg, Hochmut und menschlichem Egoismus zu überwinden. Dies kann zur Harmonie, zum Frieden, zur selbstlosen Liebe und zur Barmherzigkeit führen, denn nur sie können unsere Mutter Erde vor weiteren schweren, schmerzhaften Eingriffen bewahren. Dabei sollen die Gesetzmäßigkeiten des Universums in diesem Buch aufgezeigt werden, als Leitfaden zur Entwicklung eines höheren Bewusstseins für jedermann.

So soll dieses Buch einen Anstoß geben, sich und seine Einstellung zum Leben vor und nach dem so genannten Tod zu überprüfen. Es ist religionsunabhängig und soll eine gemeinsame, kosmische Basis für Suchende sein, damit eine gemeinsame Richtung für eine neue Ethik gelegt werden kann. Diese könnte letztlich zum Weltfrieden, zur selbstlosen Liebe und zur Erneuerung der Erde durch Anhebung des Bewusstseins der Menschen führen. Der Schöpfer gebe mir hierfür die Kraft und seinen Segen. Ihm allein verdanke ich, dass ich diese Gedanken weitergeben darf.

W. Prawda

Die Kraft der Gedanken und der Zeitgeist

Wenn wir von Zeitgeist sprechen, dann meinen wir immer die zurzeit herrschende Gedankenkraft und ihre Wahrnehmung und Projektion auf die Materie (Erde) und die Menschen. Da geistige Energie aber zeitlos ist, leben wir immer in einer von uns selbst gedachten und veränderten Welt, ohne zu bemerken, dass wir von unseren eigenen Gedanken bereits in der Gegenwart „überrollt" worden sind.

So sind viele Kulturen dieser Welt untergegangen (Rom, Ägypten, Atlantis), weil sie in ihrem Zeitgeist gefangen waren und sich mehr und mehr darin verstrickten. Dabei ist die Summe der Gedanken von Völkern und Menschen immer die Konzentration des Zeitgeistes.

Nur den Mystikern, Philosophen, Dichtern und Denkern gelang es, ab und zu diesen Zeitgeist zu verlassen und den kosmischen, zeitlosen Geist zu erfahren. Erneuerungen und Veränderungen können nur außerhalb des Zeitgeistes stattfinden oder durch ihn angeregt werden. Deshalb ist es wichtig, dass jeder Mensch seine Gedanken kontrolliert, um negative Energien zu vermeiden, welche schließlich in die Summe der Gedanken – den Weltgeist – einfließen und durch ihn auf diese Welt wirken und zwar im Negativen als auch im Positiven.

Wie in der „Quantenkorrelation" der Physik Elementarteilchen weit voneinander entfernt sich verständigen können, so können auch Gedankenenergien sich über die ganze Erde verbinden, soweit sie gleichen Ursprungs sind. Wenn wir also denken, verändern wir nicht nur die Welt, sondern auch den Kosmos.

Beispiel:

Die Menschheit will zum Mond und Mars – aus diesen Gedanken entstehen Veränderungen – auch im Kosmos! Wir suchen nach Bodenschätzen und Möglichkeiten von Leben. Dies bedeutet früher oder später einen Eingriff auf anderen Planeten. Da die Menschheit jedoch noch nicht einmal mit unserer Erde richtig umgehen kann, wird sie dies wohl auch immer wieder mit anderen Planeten tun. Nicht ein neuer Planet kann unsere Hoffnung sein, sondern ein Umdenken der Menschheit, das längst überfällig ist. Wir sollten es wagen, endlich unseren Zeitgeist in Frage zu stellen.

Alles ist Bewusstsein – auch der Kosmos

Wenn wir von Bewusstsein sprechen, dann könnte man auch das „Bewusste – Sein" oder im „Bewussten – Sein" sagen. Es ist die Gegenwart der geistig-gedanklichen Wahrnehmung unabhängig von der Materie, welche nur im Bewusstsein reflektiert wird. Die Erklärung, woher das Bewusstsein kommt, also seinen Ursprung hat, endet immer in einer philosophischen Sackgasse. Denn so wenig wie ein Stein oder ein Mensch sich selbst erklären kann, so wenig kann sich ein Bewusstsein selbst erklären. Rene Descartes (1596 – 1650) kam deshalb zu der Aussage: *„Ich denke – also bin ich."* Diese Aussage ist aber kein Beweis, denn sie gilt nur für jeden persönlich, nicht aber für einen anderen – also subjektives Bewusstsein.

Bewusstsein muss aber vor jeder Materialisierung zugegen gewesen sein, denn die Informationsmuster zur Materiebildung kamen zuerst aus diesem Bewusstsein. Also kann Bewusstsein nur aus Dimensionen stammen, die ohne Zeit und Raum schon immer gegenwärtig waren, z.B. der 7. Dimension der Vollkommenheit, dem sog. Paradies, einer rein geistigen Welt. So wird der gesamte Kosmos von diesem Bewusstsein durchstrahlt, unterliegt aber immer wieder Bewusstseinsänderungen aus sich selbst und nicht zuletzt auch aus den Gedanken der Menschen, Tiere, sowie aus den Ausstrahlungen der Tiere, Pflanzen und Steine (Atome, Moleküle, Elemente).

Forscher, wie der australische Physiker Reginald T. Cahill, stellen sogar die Frage, ob unser Gehirn ein Abbild des Universums darstellt. Damit würde alle Materie an einem Bewusstseinsprozess teilnehmen. Die ersten Bausteine der Welt waren einst die Atome, dann die Elementarteilchen, dann die Quarks, jetzt vielleicht die Präonen – in Zukunft vielleicht der Geist?

Sucht sich der Geist vielleicht selbst über die kleinsten Elementarteilchen zu erkennen? Doch die Zeit spielt beim Geist nur eine untergeordnete Rolle – wohl aber beim Zeitgeist!

Cahill hat seiner Theorie des Bewusstseins des Universums verschiedene Namen gegeben, darunter Prozessphysik, heraklische Physik (alles ist im Fluss), Monadenphysik (Leibnitz) und Münchhausen-Physik (weil sich die Welt selbst am eigenen Schopf in die Existenz zieht). Dabei setzt er auf die Arbeiten von Mathematiker Kurt Gödel (1906 – 1978), dessen bahnbrechende mathematische Erkenntnisse sind Grundlage dafür, dass auch Bewusstsein in seiner Formel vorkommt.

Benoit Mandelbrot entdeckte die Gebilde der sog. „Fraktale", die, aus welcher Entfernung sie auch immer angeschaut werden, stets die gleichen Strukturen zeigen. Wenn wir Entfernung mit Zeit gleichsetzen, so würde das bedeuten, dass Vergangenheit, Gegenwart und Zukunft immer nur ihre jeweiligen Fraktale zeigen, wie sie der Geist im Gehirn projiziert.

Somit ist alles Bewusstein

Bewusstein jedoch stirbt nicht mit dem Tod des materiellen Körpers. Vielmehr existiert Bewusstsein auf Ewigkeit ohne Zeit und Raum als Teil der kosmischen Gesamtordnung in der Schöpfung.

Die Erscheinungen oder der „Fall" von so genannten Geistwesen sind Transformationen in die Materie und wieder aus ihr hinaus. Würden die Menschen unsere Mutter Erde und ihren Nächsten unter diesen Gesichtspunkten betrachten, gäbe es keine tausend verschiedenen Religionen. Dies allein zeigt, wie weit die Menschen noch von einem gemeinsamen kosmischen Bewusstsein entfernt sind.

Alle Machthaber dieser Welt, ob Politiker, Industrielle oder Wissenschaftler, müssten sich die Frage gefallen lassen: „Was nehmt ihr mit von eurer Macht?", und „Was hat eure Machthaberei auf der Erde hinterlassen?" Wer den Mut zur Beantwortung dieser Fragen hat, wird schnell erkennen, dass er nur im materiellen Bereich Macht ausüben kann.

Der geistige Bereich kennt weder Macht noch Geld. Was werden solche Seelen dann erleben? Das Verdrängen dieser Fragen auf der Erde wird nicht weiterhelfen, da auch im so genannten Jenseits diese Fragen wieder auf die Seele zukommen werden. Ob ein Mensch daran glaubt oder nicht, spielt dabei keine Rolle.

Es ist das kosmische Gesetz, welches alles in sich regelt. Damit dient die Existenz auf dem Planeten Erde der Bewusstseinsentwicklung der Seele. Jeder Gedanke, ob kontrolliert oder unkontrolliert, fließt so in den gesamten kosmischen Äther (oder morphogenetisches Feld nach Sheldrake) ein. Die Summe der Energie dieser Gedanken geht keineswegs verloren, sondern baut sich so lange auf, bis es zu einer Entladung (Schicksal, Katastrophe, Krieg, Seuche usw.) für alle Menschen als Kausalschuld kommt. Jeder ist dabei entsprechend seiner persönlichen Schuld anteilmäßig betroffen.

Die Parallelwelt oder geistige Welt, in der wir unseren Ursprung haben, hat nie den Kontakt zur Seele oder zum Bewusstsein verloren. Gedanken entstehen nicht im Gehirn, sondern sind freie Energien des Kosmos, geformt durch den denkenden Geist. So ist das Gehirn nur Speicher und Umsetzungszentrum des Bewusstseins, wie die Festplatte des Computers.

Würde der Mensch in seinem Innern zur inneren Stille finden, könnte er den Kontakt zur Parallelwelt erspüren und auch aus ihr schöpfen. Es ist schon seltsam, dass der Mensch versucht, sich mit Psychopharmaka, Drogen, Gentechnik, Atomkraft, Computer u.a. diesem Prozess zur Selbsterkenntnis zu entziehen. Für jeden Menschen kommt beim Verlassen dieser Erde die Chance einer Erneuerung.

Warten wir nicht darauf, sondern beginnen wir vorher, sie zu erreichen. Das Schwören auf die Bibel, die Kirchenbesuche, die Theologie, die Philosophie, ständige Berufung auf Gott und die Schöpfung ersetzt letztlich nicht die Tat. Setzen wir sie im Sinne der kosmischen Gesetze ein.

Erkenntnis

Wer Gott zu erkennen versucht,
muss sich zuerst selbst erkennen können.
Wenn er sich also nicht selbst erkennt,
wie will er dann Gott erkennen?

W. Prawda

Inschrift auf dem Tempel von Delphi:

„Erkenne dich selbst,
damit du Gott erkennst."

Beispiel eines globalen Bewusstseins am Ereignis des 11. September 2001:

11. September 2001 – New York um 5.00 Uhr morgens. In etwa vier Stunden wird das Erste der beiden Terrorflugzeuge in das World Trade Center rasen. Die Menschen jedoch ahnen noch nichts davon, sondern schlafen in ihren Betten oder sind völlig arglos beim Duschen oder beim Frühstück.

Zur gleichen Zeit allerdings registrieren die Zufallsgeneratoren des Global Consciousness Projekt (Globales Bewusstseinsprojekt) an der Princeton Universität seltsame Ausschläge, die sich im Verlauf der kommenden vier Stunden mehr und mehr verstärken werden. Ist dies ein Gerätedefekt? Weit gefehlt!

Zahlreiche andere Messstationen überall auf der Welt, die mit Princeton in dem gemeinsamen Forschungsprojekt vernetzt sind, registrieren zur gleichen Zeit das gleiche eigenartige Signal, so z.B. in Sydney, auf Neuseeland, in Paris, Wien und Edinburgh, im indischen Bangalore sowie an zahlreichen Orten in den USA.

Für den Fachwissenschaftler ist ein solches Signal ein Zeichen, dass sich in unserer Realität etwas Entscheidendes abspielt, was nicht auf Zufall beruht. Oft kann er es allerdings nicht sofort beurteilen, was es ist. Durch Nachrichtensendungen bekommt er meistens erst danach Klarheit.

Doch die Nachrichtensender wissen vor dem Ereignis noch nichts. Das Signal wird jedoch von Minute zu Minute stärker, wie bei einem heraufziehenden Erdbeben. Es ist das globale Bewusstsein einer extremen Situation.

Was ist Zufall und was sind Zufallsgeneratoren?

Als zufällig werden in der Wissenschaft Vorgänge bezeichnet, deren Verlauf den Gesetzen der Statistik unterliegt. Ein Zufallsgenerator ist ein Gerät, das einen Strom zufälliger Daten erzeugt, die man im Nachhinein untersuchen kann, ob sie wirklich *„zufällig"* sind – oder ob sie nicht doch eine innere Struktur aufweisen, die vom statistisch zu erwartenden Verlauf abweicht.

Wenn ein solcher Zufallsgenerator über längere Zeit läuft, so erkennt man, dass es immer wieder Zeiten gibt, in denen die erzeugten Daten tatsächlich erheblich vom Zufall abweichen. Es zeigte sich, dass dies immer dann der Fall ist, wenn irgendwo auf der Welt ein Ereignis eintritt, das eine große Menge von Menschen emotional berührt. Man könnte also einen Zufallsgenerator auch als Monitor für das menschliche Gruppenbewusstsein (morphogenetisches Feld) bezeichnen.

So sagt der Physiker Fred Alan Wolf der Universität Princeton:

„Ein einzelnes Ereignis im Universum kann niemals wahrnehmbar sein. Es wird erst erkennbar dadurch, dass es mit einem zweiten Ereignis in Beziehung tritt!"

Eine ähnliche Erkenntnis finden wir bereits in Jahrtausende alten esoterischen Lehren:

„Das Gesetz der Polarität."

Damit wären auch so genannte Vorahnungen von Menschen erklärbar.

Bewusstsein und Gedanken verändern die Welt

Wenn die Gedanken von Erfindern neue Stoffe und Energien entwickeln, so wird damit auch immer die Welt mit verändert. Denken wir einmal an die Stromerzeugung, die Chemie oder gar die Atombombe. Diese Erfindungen haben unsere Welt nachhaltig verändert. Dabei stellen Gewinnstreben und Umsatzbeteiligung eine Beschleunigung dar, deren Folge zur Zerstörung der Umwelt führen können. Das heutige Wissen lässt jedoch auch Gedankengänge und Impulse zu, welche neue umweltfreundliche Energien und Stoffe anstelle von umweltfeindlichen vergleichen. Jedoch fehlt die Weisheit (die Tat!) zur Umsetzung, weil Lobby und Industrie solche neuen Gedanken aus Gewinnsucht ablehnen.

Dabei ist die Entwicklung des Bewusstseins nicht mit dem Wissen der Technik im Einklang. Bewusstsein jedoch kann man weder auf Universitäten und Schulen lernen noch in der Wissenschaft. Es ist vielmehr ein ständiger Bildungsprozess aus Anwendung, Erfahrung und Konsequenz der kosmischen Gesetze. Jeder Mensch kann sich diesem Bildungsprozess öffnen oder verschließen, denn die Gedanken sind frei. So ist jeder Mensch am Umwandlungsprozess der Erde mehr oder weniger entsprechend seinem Bewusstsein beteiligt.

Das geistige Milieu –
als Nährboden für die geistige Entwicklung

Wenn wir von einem Milieu sprechen, so ist dies die Summe eines Zustandes in materieller oder nichtmaterieller Form. So ist das Milieu bestimmter Flüssigkeiten oder Böden die Grundlage für Bakterien oder Pflanzenwachstum. Anderseits ist das Milieu, in dem ein Mensch aufwächst, auch geprägt von seiner gesellschaftlichen und geistigen Umgebung und deren Einfluss. So kann man auch davon ausgehen, dass das geistige Milieu unserer Erde geprägt und gestaltet wird vom Bewusstseinzustand der Menschen.

Wie in der Pflanzenwelt und der Biosphäre Veränderungen des Milieus auch zu Veränderungen des Lebens und Wachstums und somit des Überlebens führen, so führen die Veränderungen des geistigen Milieus (Bewusstsein) der Menschheit durch Gedanken und Ideologien zur Veränderung im Positiven als auch im Negativen. Dies ist durch die Entwicklungsgeschichte der Menschheit und ihrer Auswüchse, wie Kriege und Katastrophen, gut zu verfolgen. Dabei ist zu unterscheiden, dass jeder einzelne Mensch durch sein Bewusstsein und seine Gedanken am Gesamtmilieu der geistigen Entwicklung beteiligt ist.

Während in der Natur Milieuveränderungen unwiderruflich zu neuen Arten des Wachstums führen, so führen Bewusstseinsveränderungen immer in eine Art Wechselwirkung, welche teilweise auch wieder in altes geistiges Milieu zurückverfallen. So sind Machtmissbrauch, Krieg, Ausbeutung und Zerstörung in allen Zeitaltern der Erde wiederzufinden, da ein Umdenken der Menschheit offensichtlich nur schwer möglich ist.

Der Nährboden eines bestimmten Milieus (Bewusstsein) kann durch Steuerung und Beeinflussung schnell eine Ausbreitung in Form einer geistigen Kettenreaktion verursachen. Ein Beispiel dafür ist der Reichspropaganda-Minister Göbbels im sog. Dritten Reich, sowie Adolf Hitler selbst. Das Ende dieser Milieubeeinflussung kennen wir alle – die verheerenden Folgen des Zweiten Weltkrieges. Ebenso könnte sich dies in etwas abgewandelter Form wiederholen und so einen dritten Weltkrieg zulassen. Aus geistiger Sicht steht einem solchen Ereignis nichts entgegen, außer einer weltweiten, auch religiösen Bewusstseinsänderung der Menschheit.

Wie weit wir Menschen dazu in der Lage sind, zeigen die täglichen Ereignisse in Politik und Macht. Terrorismus und Krieg sind dabei gleichen Ursprungs, nämlich eines egozentrischen, machthaberischen und monetären Bewusstseins, wozu sogar die einzelnen Religionen missbraucht werden. Eine Veränderung dieser Gedanken durch kosmische Gesetze und Bewusstseinsänderung ist die Voraussetzung zur Erreichung einer auf Dauer friedlichen Welt. Dies zu erreichen, ist die Aufgabe der Menschen auf der Erde.

Es gibt kein Tod auf Erden,
kein Tod im weiten All,
ist nur ein Anderswerden,
wenn alles geht zu Fall.

Was lebt, es kommt vom Leben
durch göttliches Geschehen,
wird immer neu gegeben
im großen Auferstehen.

Was lebt, es drängt zum Sterben,
das doch nur „Wandlung" heißt
und ewiges Verderben
an einen ew'gen Geist.

So ist kein Tod auf Erden
kein Tod im weiten All –
ist nur ein neues Werden,
wenn Altes geht zu Fall.

Otto von Zschok

Der so genannte Tod

als Missbrauch zur Gedankenmanipulation

Mit dem Begriff „Tod" ist für die meisten Menschen das absolute, unabwendbare Ende ihrer Existenz verbunden. Damit aber wird alles Materielle in den Vordergrund unseres Lebens gestellt, um so möglichst viel auszuschöpfen und nichts zu versäumen. Doch selbst mit dem Tod als solchen machen Versicherungen, Beerdigungsinstitute und Notare, wie auch der Staat durch Steuern, noch gute Geschäfte. Dabei spielt die Angst „vor dem Ende" eine entscheidende Rolle. Allein dieser Zustand bewegt Menschen etwas zu tun, was gegen die Ordnung der kosmischen Gesetze verstößt.

Der Begriff „nach mir die Sintflut" ist hinreichend bekannt. Eine Verantwortung für sich und andere über das Leben hinaus wird somit abgewehrt. Stellen wir uns einmal vor, die Menschheit würde ein Leben „nach dem Tod" akzeptieren. Die Folge daraus würde zwangsläufig sein, dass die materiellen Dinge des Lebens nicht mehr im Vordergrund stehen würden. Die weiteren Folgen könnten sein, dass gegenseitige Achtung, Liebe, Geduld, Barmherzigkeit und damit eine andere Weltordnung aus geistiger Sicht entstehen würde. Konflikte und Macht, Geld, Bodenschätze usw. können dann durch ein neues Bewusstsein ohne Krieg, Ego und Ausbeutung gelöst werden. Dies setzt jedoch voraus, dass sich ein neues „morphogenetisches Bewusstseinsfeld" entwickelt, das alle Menschen erfassen würde. Eine Steuerung durch Macht, Politik und Religionen wäre dann ausgeschlossen.

Solange aber der leibliche Tod noch so in den Vordergrund gestellt und mit ihm gedroht wird, so lange bleiben wir geistig tote Menschen und Seelen. So wie es heißt:

„Wahrlich, ich sage euch: Es sind die Menschen, die trotz sehendem Auge und hörendem Ohr geistig blind und taub sind. Sie werden die ‚geistig Toten' genannt werden."

Es stellt sich die Frage: Wie viel Prozent der Menschheit fallen heute unter die „geistig Toten"? Würde dieser geistige Tod richtig begriffen werden, hätten die Menschen weniger Ängste vor dem materiellen, körperlichen Tod. Die Welt käme dadurch in einen anderen Zustand.

Der Ursprung der Materie

Das feinstoffliche, energetische Universum – ohne Anfang, ohne Ende – ohne Zeit und Raum, spiegelt die ewige Gegenwart und Vollkommenheit des Geistes und der feinstofflichen Welten wider. Das materielle Universum entstand jedoch vor ca. 20 Milliarden Jahren. Was aber war davor? Vor den Galaxien, vor den Sonnen und Planeten, deren Entstehung Milliarden von Jahren her ist? Wir sprechen heute von schwarzen Löchern! Zeit und Raum existieren nur im Bereich der Materie: Ist die Geschwindigkeit schneller als das sichtbare Licht, wird das Licht unsichtbar. Wird die Geschwindigkeit unendlich, ist auch der Raum unendlich, d.h. endlos und damit raumlos. Eine Zeit gibt es dann nicht mehr! Die Lichtgeschwindigkeit ist daher auch an Zeit und Raum gebunden, da sie mit

$$300.000,00 \text{ km/sec}$$

weit unter der Tachionen (überlicht-schnelle Teilchen) und vor allem unter der Gedankengeschwindigkeit liegt.

Die Gedankengeschwindigkeit ist in ihrer Form ohne Raum und Zeit endlos, also auch unendlich. Dies ist allerdings nur im geistigen Bereich möglich und kann mit keinem Messgerät der Physik gemessen werden. Licht kann sowohl als Teilchen oder Welle im materiellen oder energetischen Bereich gemessen werden, Gedanken jedoch nicht mehr. Trotzdem sind es Gedankenkräfte, die die Welt ständig verändern, denn vor jedem Tun eines Menschen steht am Anfang der Gedanke, welcher letztlich die Materie formt.

Denken wir z.B. an einen Bauarbeiter, der Stein um Stein nach Plan des Architekten gleichmäßig und genau aufeinander setzt. Wäre er mit seinen Gedanken nicht bei der Arbeit, würden Fehler mit schwerwiegenden Folgen entstehen. Dasselbe gilt jedoch auch für den Politiker, den General, den Bankdirektor, den Firmenchef und letztlich für jede Hausfrau und jedes Kind, also jeden Menschen.

Die Frage ist nur, wie wir mit unseren Gedanken leben, welche ja ständig neu gedacht werden und so die Welt verändern. Hier gibt es für jeden die Möglichkeit, Positives oder Negatives zu denken, danach zu handeln und letztlich die Folgen davon zu spüren. Also ist jede materielle Veränderung, auch die des menschlichen Körpers, den Gedanken unterworfen. Aber auch Geschmack, Gefühl und Wahrnehmung können völlig durch Gedankenkraft und Worte (siehe Hypnose) verändert werden. Dies zeigt die Kraft und die Wirkung von Gedankenkräften.

Bei einer Hypnose ist es möglich, einen Menschen durch Suggestion über Gedanken, Sprache und seine Sinne direkt zu beeinflussen. Gibt man z.B. einer Person in Hypnose eine Zitrone in die Hand und sagt dabei: *„Dies ist eine süße Birne, die dir schmeckt und du wirst sie voll Genuss aufessen"* – so wird die hypnotisierte Person dies tun. Dabei wird der Geschmacksinn, d.h. Zellen des Körpers, so manipuliert und umgepolt, dass er nicht die saure Zitrone spürt, sondern nur die süße Birne schmeckt. Dies zeigt die Kraft und Macht der Gedanken unmittelbar am Menschen.

Jedoch auch ohne Hypnose finden im täglichen Leben des Menschen ständig Suggestionseffekte statt. Nehmen wir z.B. das Werbefernsehen oder einen Redner und Demagogen, so sehen wir, dass auch Massen von Menschen in ihrem Unterbewusstsein und damit im Bewusstsein gezielt beeinflusst werden können. Diese Kraft der

Gedanken und Suggestion werden auch heute leider immer noch unterschätzt, verändern aber täglich unsere Welt, meistens leider zum Negativen für die Menschheit.

Der englische Wissenschaftler Prof. Rupert Sheldrake geht sogar von einen aus Gedanken entstandenen morphogenetischem Feld aus, d.h. die Summe aller Gedankenkräfte der Menschheit und ihrer Welt geht nicht verloren, sondern wird um den Planeten Erde als Energiefeld gespeichert und kann unter Umständen auch wieder abgerufen werden. Die östliche Mythologie bezeichnet schon seit Jahrhunderten dieses Energiefeld als sog. „Akasha-Chronik". Ein Versuch von Prof. Rupert Sheldrake mit einer bestimmten Affenart zeigt hier interessante Ergebnisse. Lehrt man in Afrika einer Affengruppe mit einfachen Werkzeugen (Steine, Äste, Seile) bestimmte Dinge auszuführen, so können gleiche Affenarten in ganz anderen Kontinenten wie Asien oder Südamerika diese Dinge schneller erlernen als beim ersten Versuch. Sheldrake geht sogar davon aus, dass Lebewesen mit ähnlichem Bewusstsein Gedankenimpulse aus dem sog. morphogenetischen Feld schöpfen können. Dies gilt natürlich für alle Lebewesen, wobei der Mensch das am höchsten entwickelte Lebewesen ist und so am intensivsten aus diesem Gedanken-Energiefeld schöpfen kann.

Da Gedanken keine Grenzen kennen, ist auch ihre Geschwindigkeit unendlich. Dies zeigt deutlich, dass diese Energieform schon vor der Entstehung des materiellen Universums als geistige Information bestanden haben muss.

Wie aber entstand aus geistiger, nicht materieller Energie das spätere, heute materielle Universum? Durch die Astrophysik und die sog. schwarzen Löcher wissen wir, dass ca. 80 – 90% unseres Universums aus sog. schwarzer Materie bestehen, welche unsere Physik und Mathematik nicht mehr erklären und erfassen kann. Wie also könnte unser jetziges Universum entstanden sein?

Die fragwürdige Philosophie der Religionen

Nun gibt es in den Religionen dieser Erde verschiedene Auslegungen zur Entstehung des Universums und der Erde und damit auch des materiellen, menschlichen Leibes. – Nehmen wir als Beispiel die katholische Kirche: Hier wird von Sündenfall gesprochen, vom sog. Paradies, von der Schlange, der Verführerin und dem Apfel oder der Frucht der Erkenntnis, den Eva Adam gab. Dies alles geschah jedoch noch im Paradies und zu diesem Zeitpunkt gab es noch kein materielles Universum.

Diese bildlichen Darstellungen mögen im Zeitpunkt der biblischen Zeit und des Altertums und Mittelalters angebracht gewesen sein, jedoch sind sie heute im Computer- und Weltraumzeitalter (Informationszeitalter) überholt und nicht mehr zu vermitteln. Sie können den Menschen auch nicht mehr zur notwendigen Erkenntnis und dem Verständnis für kosmische Gesetzmäßigkeiten aus höherer Dimension dienen. Es kam mit solchen Mythen zu Dogmatisierung, Verzerrung und letztlich zur Verworrenheit bis hin zu den Religionskriegen.

Das Wort der Bibel *„Du sollst nicht töten"* wurde z.B. in der Vergangenheit und wird auch heute noch ständig ad absurdum geführt, was uns die Welt täglich zeigt. Seit einigen Jahren wird von der katholischen Kirche *„Du sollst nicht töten"* durch *„Du sollst nicht morden"* ersetzt. Damit soll offensichtlich das Töten durch Soldaten legalisiert werden.

Der Begriff „Gott" wurde vermenschlicht und zu einem jeweils den Erfordernissen angepassten und persönlichen Gott herabgestuft. Die Kreuzzüge und unsere heutige, politische und militärische Handlungsweise geben hierfür genug Zeugnis ab. Begriffe wie „der strafende Gott" und „der zornige Gott" zeugen von Missbrauch der selbst gepredigten, göttlichen Eigenschaften von Religionen zugunsten eigener Interessen und Staatsmächten, welche sich in der Regel dann zusammen die Macht hieraus teilen (Islam wie auch christliche Welt).

Der Begriff Gott jedoch ist unpersönlich und als unendliches Energiefeld zu verstehen, welches nach den Gesetzen des Geistes alles durchdringt, erhält und alles umwandelt. Wir sind vom geistigen Äther wie die Fische in den Weltmeeren vom Wasser umgeben. Trotzdem begreift der Mensch nicht, dass ihn dieser Äther am Leben erhält. Welcher Fisch würde schon fragen: „Wo ist denn das Wasser, in dem ich lebe?" Der Mensch jedoch fragt: „Wo ist denn Gott, der mich am Leben erhält?" – Wer oder was ist dieses Energiefeld?

Somit kann es für den Geistleib, den Energiekörper des Menschen, auch keinen Tod im Sinne einer Auflösung der Seele geben, sondern immer nur eine Umwandlung ins Molekulare (Körper) und in das Feinstoffliche (Seele). Das Kraftfeld Gottes ist bipolar, d.h. durch gegenseitige, ständige, ausgleichende Wechselwirkung geprägt. Deshalb können wir auch von einem Vater-Mutter-Gott (Yin und Yang) sprechen. Er ist auf ewig in seinen kosmischen Gesetzmäßigkeiten stabilisiert. So ist auch der Energiekörper der Seele diesen ewigen Gesetzen unterworfen und kann sich so niemals in ein „Nichts" auflösen. Dies widerspräche auch unseren thermodynamischen Lehrsätzen der Physik (keine Energie geht verloren).

Wenn also jemals Friede und Liebe auf unserer Erde regieren sollen, muss die Menschheit zuerst in kosmischen Dimensionen denken und erkennen lernen (Bewusstsein). Dies geht aber nicht durch einseitige, religiöse, z.T. fanatische Ausrichtung, sondern vor allem durch das Verstehen der Entstehung des Kosmos und somit der

Erde. Hierbei kann die aktuelle Physik (Astrophysik) eine wichtige Schlüsselrolle spielen, die weltweit gleich und ohne Vorurteil verstanden werden kann. So könnten Wissenschaft und Religion unter Berücksichtigung des Zeitgeistes im Austausch eine gemeinsame, harmonische Basis für ein besseres, verantwortungsvolles und friedliches Weltbild schaffen.

Viele bekannte Philosophen, Wissenschaftler und Denker wie Stefan Heym, Einstein, Goethe, Stephen Hawking, Roger Penrose, Rupert Sheldrake u.v.a. haben hierzu auf ihren Gebieten Vorarbeit geleistet. Es ist nun langsam an der Zeit, nicht immer nur mit diesem Wissen zu diskutieren und es zu analysieren, sondern es gemäß den Worten: *„Weisheit ist besser als Wissen"* in die Tat umzusetzen durch Anwendung und Verwirklichung im täglichen Leben.

Bleiben wir im täglichen Leben nur immer der materiellen Wissenschaft zugewandt, so bleiben wir letztlich auch in der materiellen Sicht hängen. Dies jedoch bedeutet Gedankenfixierung und Erkenntnisverlust. Wissenschaft sollte daher immer unter dem Aspekt geistiger, kosmischer Gesetze ihre Anwendung und ihre Grenzen finden.

Wenn wir unsere heutige Welt anschauen, so muss auch der positive Mensch zugeben, dass z.B. durch Missachtung der kosmischen Gesetze die Gerechtigkeit durch sog. weltliches Recht ersetzt wird. Heraus kommt dabei dann Rache, Hass, Vergeltung, Mord, Gier, Gewinnsucht, Neid und Egoismus, also all das, aus dem Konflikte und Kriege zwischen Menschen entstehen.

Es wird zwar immer und überall „ver-handelt". Doch „ge-handelt" wird nur selten, außer in kriegerischen Handlungen, welche stets in Not und Leid enden. Wer wirklich handeln will, braucht keine

„Ver-Handlung", mit welcher letztlich das nötige Handeln nach allen Regeln der unzähligen, dazu missbrauchten Paragraphen verhindert wird.

Auch die weltlichen Kirchen haben sich hier mit ihrer Hierarchie, dem Dogmatismus und den Ritualen von der geistigen Botschaft entfernt. Hier sollte die Theologie wieder frei von starren Ideologien werden und sich zurück in die Freiheit der göttlichen Gesetze begeben. Das dies nicht einfach ist und von kirchlicher Seite bekämpft wird (siehe Prof. Küng, Dr. Jürgen Drewermann u.a.), es ist nun mal so, darf aber nicht davon abhalten, sich mit dem Geist der Schöpfung auseinander zu setzen.

Glaubhaftigkeit und Würde der Theologie und der Religionen dürften hierdurch neu hergestellt und im Rahmen eines gemeinsamen, kosmischen Bewusststeins gefestigt werden. Hierhin gehört auch die Frage: Wie entstand das materielle Universum mit seinen Gesetzmäßigkeiten – und was war vorher?

Gab es das sog. „Gute" und „Böse" schon immer – oder ist es aus dem „Positiven" und „Negativen" der geistigen Gesetze vom Menschen in seiner heutigen Form geschaffen worden? Waren die Galaxien, Sonnen und Planeten vor ihrer materiellen Form in energetischer Struktur im kosmischen Bewusstsein schon enthalten? Und wenn ja – wie fand die Materialisation zu Atomen und Planeten, zu gewaltigen Massen aus Gas, Mineralien, Metallen statt? Und schließlich: Wie kam das Wesen „Mensch" auf den Planeten Erde? Und weiter: Was ist der Geist im Menschen? Gibt es ein geistiges Universum, aus welchem die geistigen Energiekörper (Seelen) in die Materie herabstiegen? Eine wissenschaftliche Erklärung hierüber wird es wohl nie geben, wohl aber eine geistige Erkenntnis.

Der Urknall (Urblitz)

– aus geistig kosmischer Sicht –

Zunächst möchte ich der gängigen Theorie vom Urknall, was die Omega-Punkt-Theorie und seiner explosionsartigen Ausdehnung als auch der Singularitätstheorie als Ursprung des Universums und der Materie widersprechen. Beide Theorien gehen im Prinzip von einem unendlich kleinen und dichten Materiepunkt aus, um daraus wieder die Entstehung von Materie zu erklären. Hier beißt sich jedoch die Katze in den eigenen Schwanz, denn es bleibt weiterhin offen, woher denn diese kleinste Menge Materie mit größter Dichte kommen soll, wenn davon auszugehen ist, dass sich Materie, also Atome, Moleküle und ihre Folgestrukturen erst nach dem Urknall gebildet haben. Wenn diese Materie dann auch noch als Mensch, Tier oder Pflanze mit Gefühlen, Gedanken und Bewusstsein belebt wird, ist dies mit Sicherheit weder mit Singularität noch mit Punkttheorie zu erklären.

Das geistig feinstoffliche, für uns nicht sichtbare Kraftfeld muss also schon ewig, d.h. unabhängig von einem sog. Urknall anwesend gewesen sein, denn es durchdringt alle Materie. Somit ist davon auszugehen, dass jedes Atom, jeder Stein, jede Pflanze und natürlich jeder Mensch sein ihm eigenes Bewusstsein hat. Damit gab oder gibt es niemals einen sog. absoluten leeren Raum, und der Begriff Raum und Zeit macht keinen Sinn mehr in einem geistigen unendlich schwingenden Feld (Ur-Frequenz). Vielleicht ist die Physik mit dem Begriff „Higgs-Feld" hier auf der richtigen Spur.

Ewiges Gesetz

Alles kreist und regelt sich
in sich und um sich.
Das ist der Lauf aller Dinge,
der Lauf des Lebens
und des Kosmos.

G. Prawda

Durch den sog. Urknall (Urblitz) trat eine Überlagerung der entstehenden, materiellen Frequenz (Photonen) durch Transformation in die Lichtgeschwindigkeit ein (wird später erklärt). Diese Überlagerung ist die Ur- oder Hintergrundstrahlung feinstofflicher Energie, welche die Gravitation und Dichte in jeder Art von Materie bestimmt (Dichte des Feldes).

Nobelpreisträger Fred Hoyle sagte: *„Es könnte dem explosionswütigen Menschen so passen, wenn die größte Ordnung durch die größte aller Explosionen zustande gekommen wäre."* Deshalb kann es auch kein Knall, sondern nur ein Lichtblitz gewesen sein, der die Materie entstehen ließ. Ein leerer Raum ohne Luft lässt auch bekanntlich keinen Knall zu.

Die Entstehung der Singularität (kleinster Massepunkt mit Linearität) ist also nur mit dem Eintritt in die Lichtgeschwindigkeit (Lichtmauer) durch Heruntertransformierung geistiger Energie aus der 7. Dimension der Vollkommenheit möglich. Gleichzeitig war damit im gleichen Augenblick die sofortige Ausbreitung der Lichtquanten in unserem heutigen Universum als pulsierendes Quantenmeer die Folge.

Dies alles hat mit einem „Knall" wenig zu tun, sondern erinnert eher an ein Blitzlicht nach Aufladung. Laut physikalischer Erkenntnisse bestand die Temperatur von 100 Milliarden Grad durch die hohe Dichte nur 1/100stel Sekunde. In diesem Moment erfolgte eine Transformation geistiger Frequenzen in die Lichtmauer durch Erreichen der Lichtgeschwindigkeit. Erst danach waren die Bildung von Photonen, Elektronen, Antielektronen, Neutrinos und die schweren Bauteile des Atomkerns wie Protonen und Neutronen möglich. Dabei spielten Gravitation und Rotation die erste formende Kraft auf dem Weg zur Materie eine entscheidende Rolle.

Somit wäre die Entstehung des materiellen Kosmos kein Knall, sondern ein Lichtblitz gewesen. Allerdings trifft auch hier ein Satz von Steven Weinberg zu: *„Ich kann nicht leugnen, dass ich einen Anflug von Unwirklichkeit empfinde, wenn ich über die ersten drei Minuten in einer Weise schreibe, als wüssten wir wirklich, wovon wir sprechen."* Zu diesem Zeitpunkt entstand erstmals unsere Zeit.

Die in diesem Augenblick angesammelte Energie hat weder den Zustand der Ruhe noch eine nach innen gerichtete Bewegung auch nur eines einzelnen Teilchens. Hier beginnt die Ausdehnung des in der Geburtsphase befindlichen, materiellen Kosmos, der nicht mehr zu stoppen ist.

Die physische Existenz der Materie hat nach 100stel-Sekunde mit dem Unterschreiten von 100 Milliarden Grad begonnen. Die Konstante der Lichtgeschwindigkeit nach Einstein erlaubt in diesem kurzen Augenblick nur eine Ausdehnung von 100stel-Sekunde = 100stel-Lichtsekunde = 3.000 Kilometer. Dies wäre die Ausbreitungsgeschwindigkeit, die am sog. „Ereignishorizont" unseres Kosmos noch heute weiter gilt.

Die theoretische, kosmische Zeit wäre damit entstanden. Der Verdacht ist dabei nicht abzuweisen, dass der Zeitbegriff eine entscheidende Rolle spielt, wenn die Kosmologie eines Tages den Beginn der Singularität erklären kann. Einstein sagte hierzu: *„Nichts zwingt zu der Annahme, dass die Zeit im materiellen Weltall überall gleich schnell abläuft."*

Vermächtnis

Kein Wesen kann zu nichts zerfallen!
Das Ew'ge regt sich fort in allen,
Am Sein erhalte dich beglückt!
Das Sein ist ewig: denn Gesetze
Bewahren die lebenden Schätze,
Aus welchen sich das All geschmückt.

Das Wahre war schon längst gefunden,
Hat edle Geisterschaft verbunden;
Das alte Wahre, faß es an!
Verdankt es, Erdensohn, dem Weisen,
Der ihr, die Sonne zu umkreisen,
Und dem Geschwister wies die Bahn.

Johann Wolfgang von Goethe

Die Atombildung

Nach der Verdichtung (ca. 1. Min.) nach dem sog. Urknall (Ur-blitz) gelingen die ersten Zusammenschlüsse von z.B. zwei H-Protonen und zwei Neutronen durch die Gravitation zu Helium – Atomkernen. Durch weitere Abkühlung war so Materie „ausgefro-ren" und die Typenbildung (Elemente) begann. Durch das Überan-gebot von freien Elektronen werden nun zwei Elektronen durch Gravitation des Atomkerns in die Umlaufbahn gezwungen. Damit ist ein vollständiges Atom da, so wie wir es unterschiedlich vom Periodensystem der Elemente kennen.

Die vielfach gehörte und gelesene Auffassung, die Schwerkraft als die schwächste, aber am weitesten reichende Kraft im Weltall, ha-be aus dem Chaos des Urknalls die Ordnung der Galaxienwelt her-vorgebracht, ist falsch. Die Ordnung steckte schon im Urknall (Ur-blitz), sie ist nach einer Milliarde Jahren erst deutlich geworden.

Durch weitere Transformation (Verdichtung) mit Gravitation und Rotation als geistige Ur-Frequenzen entstanden schließlich die Plane-ten, Sterne und Galaxien, der „Makro-Kosmos".

Die Entstehung des materiellen Universums

(aus dem Geistigen in das Materielle)

Hier beginnt nun meine Geschichte und ich bitte den Leser, einfach diese Aussagen als Erzählung aufzunehmen und auf sich wirken zu lassen. Dann möge ein jeder, entsprechend seinem Bewusstsein, erkennen und entscheiden gemäß dem Spruch:

„Wer es fassen kann, der fasse es. "

Und weiter:

„Wer es nicht fassen kann, der lasse es. "

Seit Ewigkeit existiert eine aus reiner, unendlich hochschwingender ätherischer Energie bestehende Dimension oder Sphäre. Nennen wir sie einfach die absolute Vollkommenheit, oder wie die Religionen, das Paradies. Diese Sphäre befindet sich jenseits der Lichtmauer und hat in ihrer Ausdehnung eine unendlich hohe Geschwindigkeit ohne Ende.

Vom Licht wissen wir, dass es mit 300.000,00 km/sec seine Grenze erreicht. Würde diese Geschwindigkeitsgrenze überschritten, würde das Licht unsichtbar (überlicht-schnelle Teilchen), ähnlich einem Flugzeug, dass eine Schallmauer durchstößt und den Schall hinter sich lässt. So lassen wir jetzt in Gedanken alles Materielle, all das, was wir mit unseren Sinnesorganen wahrnehmen können, hinter uns und durchdringen in Gedanken diese Lichtmauer – denn: Gedanken sind schneller als Licht! Interessanterweise steht die Lichtgeschwindigkeit mit ihrer 3er Zahl auch für das Ende des dreidimensionalen Raumes.

Der Geist
ist der Urgrund aller Materie

Der bekannte Physiker und Nobelpreisträger Max Planck (1858 – 1947), einer der Begründer der Atomwissenschaft, der wohl das Hauptverdienst an der Entwicklung der Quantenphysik hat, sagte zum Thema Geist und Materie (zitiert nach H. R. Gabler: „Wer was wie ich bin", Verlag Almoslechner, S. 78):

Als Physiker, als Mann, der für sein ganzes Leben der nüchternen Wissenschaft der Erforschung der Materie dient, bin ich sicher von dem Verdacht frei, für einen Schwarmgeist gehalten zu werden. Und so sage ich nach meinen Erfahrungen des Atoms Folgendes:

Es gibt keine Materie an sich.
Alle Materie entsteht und besteht nur
durch die Kraft, welche die Atomteilchen
in Schwingung bringt und sie zum
winzigen Sonnensystem des Atoms
zusammenhält.

Da es im gesamten Weltall
weder eine intelligente noch
ewige abstrakte Kraft gibt –
es ist der Menschheit nie gelungen,
das heiß ersehnte Perpetuum mobile
(das aus sich selbst Bewegte) zu finden –
so müssen wir hinter dieser Kraft
bewussten, intelligenten Geist annehmen.

Dieser Geist ist der Urgrund aller Materie,
nicht die sichtbare, aber vergängliche Materie
ist das Reale, Wahre, Wirkliche (der Boden),
denn die Materie bestünde, wie wir es gesehen haben,
ohne diesen Geist überhaupt nicht –
sondern der unsichtbare, unsterbliche Geist
ist das Wahre.

Da es aber Geist an sich nicht geben kann,
sondern jeder Geist einem Wesen zugehört,
müssen wir zwingend Geistwesen annehmen.
Da aber auch Geistwesen nicht aus sich selbst sein können,
sondern geschaffen werden müssen,
so scheue ich mich nicht, diesen
geheimnisvollen Schöpfer ebenso zu benennen,
wie ihn alle alten Kulturvölker der Erde
früherer Jahrtausende genannt haben:

Gott.

Der Geist als Urgrund aller Materie

Wir betreten in Gedanken eine Welt, in der alles aus sich selbst in unendlich hohen Frequenzen erstrahlt. Keine Sonne, kein Licht ist nötig, um sehen zu können. Es ist auch kein Sehen, wie wir es im Körperlichen, Materiellen kennen, sondern vielmehr eine Wahrnehmung, auch geistiges Sehen genannt. Jeder geistige Baum, jeder Stein, jedes Tier, jedes geistige Atom und jeder Seelenkörper strahlt hier aus sich selbst. Es ist eine geistige Welt aus Harmonie, Frieden, Liebe und Vollkommenheit.

Jedes geistige Wesen lebt dabei entsprechend seinem Bewusstsein in wundervollen Häusern, Schlössern, umgeben von Seen und geistiger Flora und Fauna. Die Gedankenkraft lässt alles in Bruchteilen von Augenblicken entstehen, eine Art dreidimensionaler virtueller Projektion, wie wir sie heute aus der Computertechnik kennen. Nur geschieht dies mit reiner Gedankenkraft, ohne Strom und Chips und ohne materielle Bausteine.

Die ätherische Konsistenz allen Seins in dieser vollkommenen Dimension ist durchwoben mit sanften sphärischen Klängen. Alle geistigen Wesen untereinander kennen weder Geld, Besitz, Neid Hass, Streit, Krankheit, Egoismus noch Macht über andere. Alle geistigen Wesen sind äußerlich ähnlich – und doch in sich verschieden, wie wir Menschen mit Körper und Seele auf der Erde.

Geistwesen, Tiergeistwesen und Pflanzengeistwesen leben eng miteinander und doch mit großem Freiraum ohne Konflikte. Es gibt kein Töten und keinen Tod, keine Ängste, keine Krankheiten, keine Politik und keine Richter. Gold, Geld und Macht existieren nicht – an ihre Stelle sind Liebe, Barmherzigkeit, Güte und Demut getreten. Hunger und Durst gibt es nicht, da alle Geistwesen aus dem ewigen Äther des reinen Seins gespeist werden und diese Energie unendlich ist.

Entfernungen und Geschwindigkeiten lösen sich auf in allgegenwärtige Wahrnehmungen, damit existiert weder Zeit noch Raum. Dies ist für die Menschen kaum vorstellbar, da wir nur dreidimensional wahrnehmen und denken können.

Durch Gedankenkraft können die Geistwesen in Bruchteilen von Augenblicken all das entstehen lassen, was auch in ihrem Bewusstsein entstanden ist. Ja – sie können jeden Augenblick an jedem Ort der Unendlichkeit zugegen sein. Mit einem Wort: Es ist das sog. Paradies oder die vollkommene unendliche Dimension des Geistes – unser ewiges Sein – unsere ursprüngliche, ewige Heimat.

Diese geistige Welt ist zugleich unsere geistige Geburtsstätte und ewige Heimat. Alle Geistkörper (Seelen) werden, wenn die Zeit hierfür reif ist und das Bewusstsein die geistigen Gesetze erkennt, hierhin zurückkehren. Hier waren wir einst zu Hause. Entstanden aus göttlicher Äther- und Gedankenkraft wurden wir alle aus der einen Quelle erschaffen.

Es existieren geistige Großfamilien. Geistige Kinder werden durch Einhüllung und Durchdringung von Dualpaaren männlicher und weiblicher (positiver und negativer) Energiestruktur geboren und entwickeln sich von selbst zu vollkommenen, geistigen Wesenheiten. Dabei geschieht dies alles geschlechtslos, da es ein reiner, energetischer Liebesaustausch ist. Ganze, geistige Großfamilien, welche unzählige von Wesen umfassen, bilden zusammen die Fülle der siebten Dimension der Vollkommenheit. Geistig energetische Wesen unterliegen weder der Lichtgeschwindigkeit noch der Gravitation, so dass sie an jedem beliebigen Ort des geistigen Universums zugegen sein können.

Der Fall:
(Die Transformation)

In dieser geistigen Dimension bestand Vollkommenheit, Glück und Zufriedenheit in absoluter Liebe, Harmonie und Frieden. Dies sollte jedoch nicht immer so bleiben! Denn auch hier waren die Gedanken der geistigen Wesen immer frei und ungebunden, so wie auf dem Planeten Erde, denn Gott schenkte jedem seiner Wesen den freien Willen.

Auch auf der Erde kann die Seele im Menschen tun und lassen, was sie will, jedoch muss sie mit dem Ursache- und Wirkungsgesetz *„Was du säest, wirst du ernten"* rechnen. Dieses Gesetz hat seine Gültigkeit auch in der geistigen Sphäre. Es belastet die Seele, wie auch den materiellen Körper, in welchem die Seele lebt. Und so kam es, dass einige Geistwesen auch im Paradies der Vollkommenheit Gedanken entwickelten, ein eigenes neues Paradies (Schöpfung) zu erschaffen – ja, eine neue eigene Schöpfung – als Gegenpol entstehen zu lassen.

Gott – die unendliche Liebe, ließ diese Gedanken zu, da er all seinen Geistwesen und Kindern die absolute Freiheit und den Willen gab. So kam es, dass die Gedanken telepathisch immer mehr Geistwesen anregten, kursiv sich dem Willen nach einer eigenen Schöpfung anzuschließen. Ein gewaltiges magnetisch, geistiges Kraftfeld entstand, das dem Kraftfeld der Urschöpfung entgegen stand.

Damit bildeten sich mehr und mehr Frequenzen in der reinen geistigen Sphäre, die im Gegensatz zu den Schwingungen des Paradieses, der Vollkommenheit standen, den superstabilen, geistigen Wellen. Es entstand dadurch eine Spaltung, die sich immer mehr verstärkte, da immer mehr Geistwesen mit ihren Energien sich den Gedanken einer Neuschöpfung anschlossen. Die Gedankenenergien konzentrierten sich dabei immer intensiver auf eine andere Schöpfungsordnung.

Die so entstandene Polaritätsspannung führte schließlich zur Abstoßung durch die magnetischen Frequenzen des Paradieses, bzw. der Vollkommenheit, welche eine unendlich hohe Schwingung (Frequenz) haben (superstabile Wellen).

Diese magnetische Abstoßung hatte jedoch zur Folge, dass die hohen Frequenzen des Paradieses, bzw. der Vollkommenheit, von den geistigen Wesen (Energiekörper) nicht mehr gehalten werden konnten. Sie wurden abgestoßen und mehr und mehr heruntertransformiert und erreichten somit die Frequenz der Lichtgeschwindigkeit. Beim Eintritt in die Lichtgeschwindigkeit wurde nun zum ersten Mal materielle Frequenz in Form von Photonen erzeugt (Urblitz).

Aus der Physik wissen wir, dass sich je nach Versuchsanordnung Licht einmal als Welle und einmal als Teilchen darstellt. Es gab bei diesem Eintritt einen riesigen Lichtblitz (keinen Knall) im leeren Raum der Ausdehnung des nun beginnenden, materiellen Universums. Dieser Urblitz (Urknall) erzeugte ein pulsierendes Quantenfeld mit Gravitationswellen und den stehenden, superstabilen Wellen aus der geistigen Ebene und seiner Gesetze (werden später erläutert).

Die Schöpfung

Die Schöpfung zeigt den Puls der Zeit.
Der Geist ist Ursprung allen Seins,
die Schöpfung ist schöpfen aus
ewiger Schöpferkraft,
die Schöpfung erhält, dient und gibt
im Dasein.

G. Prawda

Die Dimensionen des Universums
und ihre Übergänge

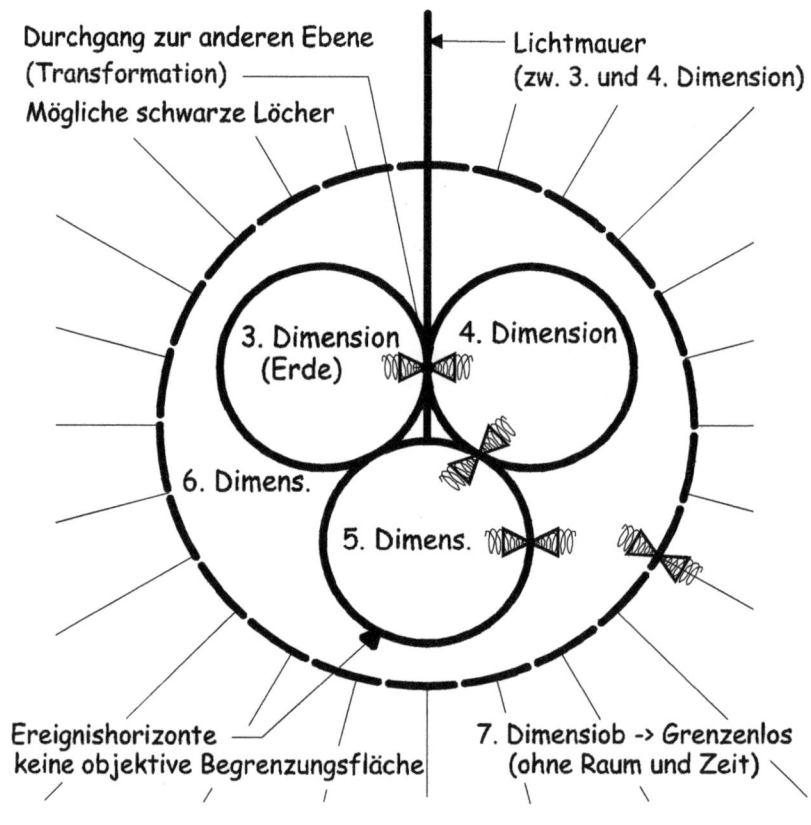

Durchgang zur anderen Ebene
(Transformation)
Mögliche schwarze Löcher

Lichtmauer
(zw. 3. und 4. Dimension)

3. Dimension
(Erde)

4. Dimension

6. Dimens.

5. Dimens.

Ereignishorizonte
keine objektive Begrenzungsfläche

7. Dimensiob -> Grenzenlos
(ohne Raum und Zeit)

3. Dimension - Erde
4. -"- - Auflösung der Materie
5. -"- - Verfeinerung der Energie
6. -"- - reine Ätherenergie
7. -"- - Urstoff der Schöpfung = Vollkommenheit

Schwarze Löcher oder „Wurmlöcher" stellen heute hierbei die Verbindungen und Durchgänge zu anderen Dimensionen dar, zu parallel existierenden Welten, in denen jedoch die gleichen, geistigen Gesetzmäßigkeiten der 7. Dimension der Vollkommenheit gelten; man kann sie als Strings oder geistige, superstabile Wellen bezeichnen.

Im Urblitz (Urknall) geschah nun die eigentliche Entstehung der Materie: Der Eintritt in die Lichtgeschwindigkeit (Lichtmauer) erzeugte die ersten sichtbaren Lichtteilen (Photonen) und damit war der erste Schritt zur Materie gegeben. Bei Eintritt von Überschall in Schallgeschwindigkeit kennen wir alle den Knall. Ähnlich ist es beim Eintritt in die Lichtgeschwindigkeit durch den Lichtblitz.

Die feinstofflichen Ätherkörper der Geistwesen wurden damit zu sichtbaren Lichtteilchen zu Photonen, zu Wellen oder Teilchen, noch ohne materielle Formgebung, jedoch mit Erhaltung der geistigen Struktur (Seele). Dieses Photonenteilchen-Meer breitete sich mit unvorstellbarer Geschwindigkeit nach allen Richtungen aus und erfüllte so einen Raum, den wir heute das materielle Universum nennen. Dabei entstanden durch die Lichtgeschwindigkeit zum ersten Mal die Grundlagen für unser heutiges Raum- und Zeitdenken, da die Lichtgeschwindigkeit an Raum und Zeit gebunden ist.

Zu diesem Zeitpunkt gab es noch keine Sterne, keine Sonnen und keine Planeten. Es gab nur ein einziges Photonenteilchen-Meer, durchwoben mit geistigen Strukturwellen ohne materielle Form. Es wäre wohl auch nicht zu einer Bildung von Atomen und Molekülen gekommen, wenn nicht zwei Urkräfte (superstabile Wellen), auch Strings genannt, aus der göttlichen, vollkommenen Sphäre durch ihre formgebenden und erhaltenden Frequenzen (Gesetze) sieben wichtige Faktoren in dieses Photonen-Meer mitgegeben hätten:

1. **Die Liebe** = Erhaltung = Gravitation

2. **Die Barmherzigkeit** = Ein- oder Umhüllung = Rotation

Ohne diese beiden Urkräfte des geistigen Universums wäre die Formgebung des Teilchenmeeres der Photonen nicht angeregt worden. Damit wäre alles ohne Form als pulsierendes Quantenfeld geblieben. Es hätte nie ein materielles Universum oder den Menschen gegeben.

Gravitation und Rotation sind also geistige Urenergien (superstabile Wellen), die durch ihre kosmischen Gesetzmäßigkeiten einer Formgebung im Sinne der Dichte eines Feldes wirken. Die Physik spricht seit jüngster Zeit hier von dem sog. „Higgs-Feld", welches vermutlich schon immer, also auch vor dem Urblitz (Urknall), existierte.

3. **Die Geduld:**

   die göttliche Frequenz der Geduld zeigt sich in den Jahrmilliarden der Entstehung des materiellen Kosmos und damit des Körpers der Menschen.

4. **Der Ernst:**

   Die ernsthafte Anordnung der geistigen Energien zu materiellen Strukturen durch Formung und Erhaltung.

5. **Die Weisheit:**

Die Informationen und Regelkreise durch Anordnung der Atome – ergaben die Elemente.

6. **Der Wille:**

Der geistige Wille zur gesetzmäßigen Materialisation wirkt noch heute in aller Materie.

7. **Die Ordnung:**

Die superstabilen Wellen der Ordnung wirken bis ins Atom (Ordnungszahlen), Periodensystem.

ERKLÄRUNGEN:

Gravitation und Rotation
= Elementarkräfte der Entstehung und Formgebung der Materie

Gravitation = Erhaltung (geistig: Liebe)

Rotation = Umhüllung = Formgebung (geistig: Barmherzigkeit)

Strings
= superstabile Wellen = Singularität (Informationsmuster)

Polarität
= ausgleichende, kosmische Gegensätzlichkeit

Pulsierendes Quantenvakuum
= Grundlage für Entstehung des Universums

Wurmlöcher
= verbinden parallel nebeneinander existierende Welten

Schwarze Löcher
= direkte Übergänge in andere Dimensionen

Dunkle Materie
= geistiger Urstoff = 90% des Universums

Higgs-Feld
= Informationsenergie zur Teilchenanordnung

Ohne Gravitation und Rotation, die beiden erhaltenden und formgebenden Schöpferkräfte (Urkräfte), hätte sich kein Geistwesen aus
der Äthersphäre materialisieren können. Dabei spiegelt sich in der
Form der Atomkerne und ihrer Elektronenschalen auch die Form
der Planeten und Sonnen wider, also der Mikrokosmos im Makro-
kosmos.

Die runde Form und die Kreisbahnen der Elektronen mit ihrem
unendlichen Verlauf deuten so auf das immer wiederkehrende A
und Ω (Alpha und Omega) hin, also ohne Anfang und ohne Ende
im ewigen Sein des geistigen, kosmischen Gesetzes. Das Gleiche
gilt für die Form von Planeten und Sonnen.

Woher wissen aber die Elektronen und das Atom, wie sie sich gegenseitig verhalten müssen? Hier wirkt das kosmische Ordnungs-
prinzip in Form eines Bewusstseins in der Materie. Somit ist alle
Materie nicht „tot", sondern von dem Od eines kosmischen Bewusstseins durchwoben (superstabile, geistige Frequenzen). Dies
zeigt die Weisheit und Liebe des göttlichen Geistes, der alles zu-
lässt, aber immer wieder vergibt und sein Kraftfeld der Liebe und
Barmherzigkeit zur Erhaltung seiner Geschöpfe stets neu verschenkt. So war auch die Transformation in den so genannten Urknall (Urblitz) zugelassen und durch die geistigen Ordnungskräfte
stabilisiert. Man könnte hier physikalisch von superstabilen Wellen
oder Strings sprechen. Jede geistige Frequenz oder Welle unterliegt
dabei einer ewigen Stabilität.

Die ewig stabilen Ordnungskräfte der
sieben Ur-Frequenzen (superstabilen Wellen) sind:

1. **Die Barmherzigkeit**
   Gegenpol: Unbarmherzigkeit

2. **Die selbstlose Liebe** (ohne Erwartung)
   Gegenpol: Eigenliebe (das Ego).

3. **Die Geduld**
   Gegenpol: Ungeduld.

4. **Der Ernst**
   Gegenpol: Gleichgültigkeit, Bequemlichkeit, Spaß.

5. **Die Weisheit**
   Gegenpol: Der Intellekt, das Wissen und
   die nicht gelebte Tat.

6. **Der Wille** (göttlicher Wille)
   Gegenpol: Der Eigenwille.

7. **Die Ordnung** (die innere Ordnung)
   Gegenpol: Innere Unordnung.

Obwohl die geistigen Ordnungskräfte keine Nummern tragen, ist dies aus Gründen der Übersicht hier getan worden. Sie durchdringen sich jedoch gegenseitig ohne Rangordnung und sind gleich stark ständig anwesend. Die Gesetzmäßigkeiten sind uns aus der Vollkommenheit der 7. Dimension, dem so genannten Paradies mitgegeben worden, um eine Formgebung und das hieraus resultierende materielle Leben überhaupt zu ermöglichen.

Was stellen diese geistigen Gesetzmäßigkeiten in unserer ewigen Heimat und damit auch bei uns auf der Erde dar? Können wir sie erfassen und richtig damit umgehen? Was heißt Leben in Raum und Zeit?

Zeit

Zeit ist Geschwindigkeit!
Bist du bereit?
Lebst vertane Zeit?
Zeit aus dem urewigen Sein
stellt sich in dir ein:
Achte die Zeit,
nie die Vergangenheit!

Die Zeit – als Kind der Ewigkeit,
in dir – Zeit der Unendlichkeit.

G. Prawda

Entstehung von Raum und Zeit

Beispiel Sanduhr

Universelle Formel:

verdichteter Geist (Äther)
= erzeugt Materie

Bewegte Materie
= erzeugt Zeit

Bewegte Zeit
= erzeugt Raum

Bewegter Raum
= erzeugt Unendlichkeit

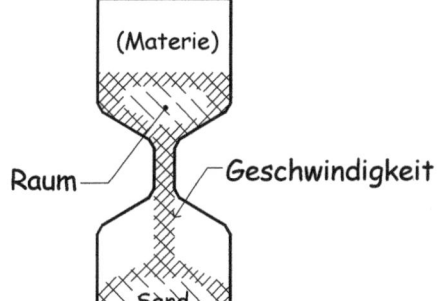

Im begrenzten Raum: — Übergang von ruhender
(Sanduhr)   Materie in Bewegung
                  erzeugt Geschwindigkeit

Im unbegrenzten Raum: — Endlose Geschwindigkeit
(geistiger Kosmos)   erzeugt endlosen Raum
                      ohne Zeit

Die Formgebung in Raum und Zeit

Die Lichtquanten nach dem Urknall (Urblitz) bildeten zunächst ein formloses Photonenmeer. Das wäre auch so geblieben, wenn nicht aus dem feinstofflichen Universum die Gravitation als kosmische Grundkraft mit in den sich formenden materiellen Kosmos übertragen hätte. Hierdurch entstanden Gluonen, Elektronen, Protonen, Neutronen und schließlich die Atome. Später bildeten sich in Millionen von Jahren Elemente, Moleküle und damit die Materie.

In weiteren Milliarden von Jahren entstanden durch Rotation und Gravitation Planeten, Sonnen und Galaxien. Nach weiteren Milliarden von Jahren bildeten sich Klima, Gase und Wasser. So bildete sich einfache Vegetation (Pflanzenzellen), aber auch Bakterien und Pilze, die Grundformen späteren organischen Lebens in tierischer und pflanzlicher Form. Erst jetzt entstanden Lebensformen und deren Weiterentwicklung durch Evolution bis hin zu den Primaten. Die Information der Formgebung wird aus der geistigen Dimension in die Materie übertragen. So sind Entstehungsmuster von den kleinsten Bakterien bis hin zu höheren Lebewesen in Flora und Fauna eine Übertragung der Information aus der geistigen Welt.

Nun konnte auch das geistige Potenzial (Seelen), das noch keine Form im Materiellen hatte, seine Weiterentwicklung über die Gene bis zum heutigen Menschen forcieren. Dabei wirken immer noch die gleichen geistigen Gesetze, welche auch im geistigen Parallel-Universum auf ewig wirken.

Der Mensch stammt nicht vom Affen ab.

Der Werdegang des Menschen
Materie ist formgewordener menschlicher Wille.

Auszug aus dem Buch von Gabriele, Würzburg „Ich – Ich – Ich. Die Spinne im Netz. Das Entsprechungsgesetz und das Gesetz der Projektion" Seiten 126 – 131.

In dieser Welt gibt es viele Meinungen und Theorien darüber, wie wohl der Mensch entstanden sei. Die einen sagen, der menschliche Körper entwickelte sich über das Pflanzen- und Tierreich; er stamme in der letzten Entwicklungsphase vom Affen ab. Nur wenige sprechen vom Fallgedanken, von den Wesen des Lichtes, die sein wollten wie Gott, und der Verdichtung, die schließlich zum menschlichen Körper führte.

Die Evolution, die im Geiste Rhythmen und Zyklen sind, also die Sprünge vom Mineral zur Pflanze, von der Pflanze zum Tier, vom Tier über das Naturwesen zu einer vollkommenen Lebensform wie der der Geistwesen, gibt es nur im reinen Sein.

Im Reich der Himmel vollzieht sich diese geistige Evolution von einem geistigen Atom – über das geistige Mineral-, Pflanzen- und Tierreich bis hin zu den geistigen Formen der Naturwesen, aus denen sich allmählich der vollkommene geistige Leib entwickelt. Weil sich der geistige Leib über sämtliche Gotteskräfte aufbaut, ist das vollendete Geistwesen das Allerbe, das absolute Gesetz. Dadurch hat es zu allen reinen kosmischen Kräften Kommunikation, weil es aus diesen Kräften hervorging, also im gesetzmäßigen Ablauf geistig-göttliche Form wurde.

Im Menschen ist das vollkommene Wesen aus Gott – allerdings ist dieses belastet durch die Sünde – herunter transformierte, geistige Energie – deshalb wird es Seele genannt. Unser physischer Leib kann also niemals vom Affen abstammen, wenn auch hin und wieder Ähnlichkeiten auftreten. Die Ähnlichkeiten entstanden durch die Programmierung der Fallwesen, dann durch die Menschen, jedoch niemals über die materiellen Naturreiche.

Die Geistwesen, die sein wollten wie Gott und dadurch zu Fallwesen wurden, die ihre persönlichen Verdichtungsgedanken als persönliches Erbe schufen, die Herren und Herrscher mit eigenen Reichen und Untergebenen sein wollten, schufen zuerst ihre persönlichen Belastungshüllen, das heißt, sie umhüllten sich mit den Negativenergien ihrer eigenen Wünsche, Gefühle und Gedanken. Hierdurch wurden die ersten materiellen atomaren Teilchen nach dem Urblitz immer mehr an die geistige Hülle angezogen, bis zur Verdichtung des materiellen Körpers in seiner menschlichen Struktur.

Die energetisch herunter transformierten Kräfte strömten aus den belasteten geistigen Partikeln des geistigen Leibes der Fallwesen. Daraus bildeten sich gleichsam Licht und gleichartige Hüllen, die sich wie eine Aura um das Fallwesen legten. Die fortgesetzten Zuwiderhandlungen gegen das göttliche Gesetz bedeuteten eine fortwährende Belastung, durch die in unvorstellbar langen Zeitläufen diese Hüllen immer dichter wurden.

Die ersten Fallwesen hüllten sich also mit ihren sündhaften herunter transformierten Gefühlen und Gedanken, den Fallgefühlen und Fallgedanken, ein. Infolge dieser fortwährenden Zuwiderhandlung gegen ihr göttliches Erbe entstand ganz allmählich die Verdichtung, die wir „Mensch" nennen. In der Weise, wie sie sich selbst umhüllten und verdichteten, umhüllten und verdichteten sie durch ihre Ausstrahlung auch die geistigen Teile der Planeten, die ihnen als Aufenthaltsorte dienten.

Der geistige Leib der Fallwesen war im Laufe ihres Abstieges zur Menschwerdung unterschiedlich verhüllt. Der gasartige Mantel, die Hülle, des einen war dichter, der des anderen noch lichter, je nachdem, wie groß oder gering die Verschattung des einzelnen Fallwesens war. Das Prinzip lautete und hat auch heute noch bei jedem Menschen Gültigkeit: Je nachdem, wie das Fallwesen fühlte, dachte und handelte, verschattete und verdichtete es sich. Je nachdem, wie der Mensch fühlt, denkt, spricht und handelt, prägt er sich.

Wie zur Zeit des Falls, so ist es auch heute noch bei uns Menschen. Die einen dachten und denken, wirkten und wirken besonnener, bemüht, das Rechte zu tun; die anderen hingegen handelten und handeln immer gegen das göttliche Gesetz. Dementsprechend verhüllte sich das Fallwesen, und dementsprechend prägt der Mensch seinen Charakter und seinen physischen Leib.

Nach dem Prinzip „Gleiches zieht Gleiches an" zogen sich gleiche und ähnlich verdichtete Wesen an. Gemäß ihren Verdichtungsgraden, die ihrer Wunschwelt entsprachen, nahmen sie, wie dargelegt, auch Einfluss auf ihre Wohnplaneten. Diese umhüllten sich dann ebenfalls mit den gleichen oder ähnlichen Schwingungen wie ihre Bewohner. Das gleiche Prinzip gilt auch bei der Höchstverdichtung, dem Menschen: Gleiches zieht Gleiches an. Die Bewohner nehmen gemäß ihren sündhaften herunter transformierten Gedanken negativen Einfluss auf ihren Wohnplaneten, die Erde.

Im reinen Sein ist alles Gesetz – doch auch im herunter transformierten Bereich ist alles „Gesetz". In den Fallreichen und auf der Materie vollzog und vollzieht sich das Leben in gleicher Weise wie im reinen Sein – nur umgepolt. Das Gottesgesetz ist das göttliche Erbe jedes Geistwesens. Das Sündhafte jedes einzelnen Menschen ist sein persönliches Gesetz, seine Prägung und sein Charakter. Auch die materiellen Gesetzmäßigkeiten und Formen der Naturreiche sind Umkehrungen der göttlichen Schöpfungsgesetze, der Naturgesetze des reinen Seins.

Was die Fallwesen prägte, die Programme ihres Wünschens und Wollens, war auch ihr Sendepotenzial. Ebenso ist die eigene Prägung jedes Menschen, die aus unzähligen Programmen besteht, wiederum sein Sendepotenzial (Gedanken), mit dem er wirkt. Während die reinen Wesen den Willen Gottes erfüllen, weigerten sich die Fallwesen, dies zu tun. Sie programmierten und prägten sich mit ihrem Eigenwillen; dementsprechend wirkten sie.

So ist es auch beim Menschen. Der Eigenwille des Menschen ist seine Prägung. Damit agiert er in seiner Umwelt und wirkt auf andere ein.

In für Menschen unvorstellbar langen Abläufen vom Beginn des Falls an, die sich in Rhythmen und Zyklen vollziehen, entstand die härteste Verdichtung (Dichte des Feldes), die Materie. Durch das sündhafte Verhalten jedes einzelnen Menschen ist die Materie Form gewordener menschlicher Wille. Als die Hüllen der Seele immer dichter wurden, kristallisierte sich der Aufbau des physischen Leibes heraus, der in seiner ganzen Konstruktion den Strömungen und Abläufen des materiellen Kosmos entspricht.

Ähnlich wie im materiellen kosmischen Ablauf durch Einwirkung energetischer Kräfte Sonnen Planeten gebären können, so gebiert die Frau durch die Zeugung des Mannes einen Körper für eine Seele, die, von feineren stofflichen Bereichen her kommend, sich auf der Erde einverleibt. Auf diese Weise ist die Möglichkeit eines Kreislaufs des Kommens und Gehens einer Seele auf die Erde geschaffen – das so genannte Rad der Wiedergeburt. In jedem Körper ist eine Seele, die bei der Geburt des physischen Leibes in diesen hineinschlüpft und beim Tod des materiellen Körpers aus diesem herausschlüpft. Jedoch ist der Fötus bereits im Mutterleib in Kontakt mit der Seele.

Die Gene als Festplatte zur Speicherung und Entwicklung von Pflanze, Mensch und Tier

Wenn die Wissenschaft von Genen spricht, so meint sie die Anordnung von Eiweißmolekülen und Aminosäuren zu einer Doppelspirale in unseren Zellkernen. Sicher ist dies aus heutiger, medizinischer Sicht richtig. Doch die Annahme, dass diese Gene von uns Menschen durch Austausch von Gen-Bruchstücken dauerhaft beeinflusst werden können, ist nicht zutreffend.

Selbstverständlich ist es möglich zu klonen und zu verändern, aber hier arbeiten wir nur an der Festplatte unseres menschlichen Genoms. Die Informationen, welche in den einzelnen Genen gespeichert werden, sind kosmischen Ursprungs und unterliegen einzig und allein der Kontrolle der kosmischen Ur-Energie (Gott). Veränderungen durch chemische oder radioaktive Substanzen verändern zwar die Eiweiße und Aminosäuren der Gene, nicht jedoch deren Information der kosmischen Ur-Energie.

Ebenso wie ein Computerprogramm vom menschlichen Geist geschrieben wird und so den Gedanken des Programmierers unterliegt, so unterliegen unsere Gene dem kosmischen Geist und dessen Ur-Gedanken der Schöpfung. Das menschliche Hirn kann deswegen auch nicht selbständig denken, es gleicht einem Biocomputer, denken tut die Seele. Das Gehirn gibt geistige Impulse (Gedanken) an die Gene ab, die diese speichern und verarbeiten. Das heißt, sie geben die Information an den Körper und seine Zellen weiter – mehr nicht! Andernfalls müssten wir unsere Computer zu selbständigen Wesen erklären, denn auch sie geben nur das im begrenzten Programm wieder, was der menschliche Geist in ihnen gespeichert hat. Vielleicht sollten wir über dieses Abbild einmal mehr nachdenken!!

Die sieben kosmischen Grundfrequenzen

und ihre gesetzmäßige Anwendung an Beispielen des täglichen Lebens; sowie der Sitz im menschlichen Körper:

1. Die Barmherzigkeit:

Gegenpol zur Barmherzigkeit = Unbarmherzigkeit
Lokalisation = Hypophyse

Der Kosmos und die geistige Welt kennen kein Mitleid, so wie die Natur es auch nicht kennt – sie kennt das Mitfühlen. Denken wir einmal an den Wurm, der vom Vogel gefressen wird, oder der Strauch, der das Wachstum vom Gras verdrängt, welches wiederum den Blumen Platz wegnimmt, usw.. Nur der Mensch kennt und lebt das Mitleid in einer Form, in der es sich negativ auswirkt und oft zerstört.

Beispiel: Ein Mann trifft einen Freund im Gasthaus, der gerade in Scheidung lebt und ihm seine Probleme schildert. Der mitleidige Freund wird ihm auf die Schulter klopfen und noch ein Bier und einen Schnaps für den „Armen" ausgeben und ihn bedauern. Dies jedoch stärkt alles Negative bei dem in Scheidung Lebenden, und er fühlt sich in seiner Einstellung gestärkt. So zerstört Mitleid und Alkohol den klaren Verstand und das Einfühlungsvermögen. Lässt der „gute Freund" ihn dann noch betrunken nach Hause fahren, und er hat einen Unfall, hat sich so der Freund aus Mitleid mitschuldig gemacht.

Der nichtmitleidige, barmherzige Freund erinnert ihn hingegen an die Pflicht seinen Kindern und der Familie gegenüber und wird ihn auffordern, nichts mehr zu trinken und besser ein offenes Gespräch mit seiner Frau zu führen. Den Autoschlüssel nimmt er ihm ab, da er Alkohol getrunken hat und schickt ihn mit einem Taxi nach Hause. Dies ist Barmherzigkeit, auch wenn es dem anderen nicht passt und manchmal weh tut.

Wie handelt denn Gott? Warum lässt er Verbrechen und Kriege zu, das Töten von unschuldigen Kindern und vieles andere? Hätte Gott menschliches Mitleid, würde er dies wohl alles verhindern und so gewaltig in unser Schicksal eingreifen. Der freie Wille jedoch sowie der Lernprozess nach den göttlichen Geboten verbietet hier ein Eingreifen aus sich selbst und der Barmherzigkeit, so unglaublich dies auch klingen mag. Der freie Wille, im Rahmen der Gebote zu handeln oder nicht, ist trotz allem das höchste Gut. Viele Menschen, selbst in den Religionen, verzweifeln an einem Schicksalsschlag, weil sie Mitleid und Barmherzigkeit nicht trennen können.

So entstand auch das Bild vom strafenden, zürnenden und rächenden Gott, den es nicht gibt! Es ist ein Gott, den sich Menschen und Religionen immer wieder selbst zurechtdenken, je nachdem, wie sie ihn am liebsten hätten. Gott jedoch ist unpersönlich und damit auch nicht „anpassbar". So gab und gibt es immer wieder Religionskonflikte und -kriege, welche aus dem eigenen, persönlichen Gott entstehen. Niemand hat Gott für sich gepachtet, denn Gesetzmäßigkeiten und kosmische Frequenzen lassen sich nicht missbrauchen und dadurch verändern. Sie bleiben auf Ewigkeit stabil.

Jede Abweichung von der superstabilen Welle der Barmherzigkeit wird jedoch als Energiepotenzial in der Polarität abgegriffen und gespeichert. Diese Belastung und Abweichung nennen die Religionen Schuld oder Sünde. Nennen wir sie besser Belastung. Die

Rückführung und der Ausgleich dieser Belastung ist jeder Seele durch Bewusstseinsveränderung und dem damit verbundenen Handeln im freien Willen selbst überlassen. Diese Barmherzigkeit trägt jeder in sich und er weiß auch, wenn er dagegen verstößt. Eine Entschuldigung, gleich welcher Art, gibt es hierbei nicht.

2. Die selbstlose Liebe = geben, ohne zu erwarten.

Gegenpol zur selbstlosen Liebe = die egoistische Eigenliebe
Lokalisation – Mitte Stirn – das dritte Auge

Wir kennen u.a. die körperliche Liebe, die Mutterliebe, die Tierliebe, die Hobby-Liebe (Auto, Sport, usw.). All diese Formen von
Liebe unterliegen der Gefahr, sich in das Egoistische oder Egozentrische umzuwandeln. So kann z.B. Mutterliebe zur sog. Affenliebe,
körperliche Liebe zu reinem Sex, Tierliebe zur Tiervergötzung,
Hobby-Liebe zur Ersatzliebe in der Partnerschaft werden.

Alle diese nicht selbstlosen Liebeformen sind Abweichungen von
der Ur-Frequenz der superstabilen, selbstlosen Liebe und verursachen Polaritätsspannungen bis hin zur Hassliebe und dem Töten.
So schlägt übertriebene, körperliche Liebe schnell in Hass um, weil
z.B. bei Untreue des Partners das Ego nicht verzeiht und in Besit-
zerwartung ist. Die selbstlose Liebe als sog. Himmelsmacht, wie
sie Philosophen und Dichter beschreiben, ist dagegen die Grundlage zur Erhaltung des Friedens. Dies gilt insbesondere für die Politiker und Machthaber dieser Welt. Die Liebe zur Macht ist die um-
gepolte Liebe und führt zur Zerstörung des Friedens, der Erde und
des Lebens auf dieser Erde.

3. Die Geduld:

Gegenpol zu Geduld = die Ungeduld
Lokalisation = Hals, Schilddrüse und Nacken

Die Geduld ist wohl heute eine der am wenigsten gelebten Frequenzen. Ohne die kosmische Geduld wäre die Schöpfung und damit das Universum und die Erde nicht entstanden. Geduldig kreist auch das Elektron um den Atomkern. Jahrmillionen dauerte die Anordnung von Lichtquanten zum Elektron, Atom, Molekül und damit zu den Galaxien mit ihren Planeten und Sonnen. Dies zeigt die unendliche Geduld des Schöpfers.

Geduldig erträgt die Natur alles, was der Mensch ihr antut. Sie reagiert nur durch den Schaden, den der Mensch ihr zufügt und zwar nach dem Gesetz von Ursache und Wirkung. Auch im menschlichen Körper wirkt dieses Gesetz. Wer kennt nicht den Spruch *„Mir platzt gleich der Kragen"*, oder *„Es sitzt mir etwas im Nacken"*. Die Folgen dieser Ungeduld sind nicht selten Krankheiten in den Bereichen Schilddrüse, Halswirbelsäule und Nackenmuskulatur.

Beispiel: Die Ungeduld, einen guten Lebensstandard zu erreichen, führt zwangsläufig zur Übervorteilung und Ausnutzung anderer Menschen. Die Ungeduld, schnell reich zu werden, führt zu Spekulationen an der Börse und damit oft zu bitteren Verlusten. Die Ungeduld, in einer Firma einen guten Posten zu erringen, führt zu Mobbing und Ausgrenzung anderer Kollegen. Das hierdurch entstehende Klima führt zu Betriebsbelastung, Entlassungen und Rationalisierung.

Der Verstoß gegen die Geduld führt so zwangsläufig zu Gegen-
warts- und Zukunftskonflikten in Gesundheit und Wirtschaftlich-
keit. Auch die hohen Scheidungsraten, die wir heute erleben, sind
auf mangelnde Partnergeduld zurückzuführen.

4. Der Ernst:

Gegenpol zum Ernst = Gleichgültigkeit, Beliebigkeit, Spaß
Lokalisation = Brust/Herzzone

Beispiel: Die Frequenz des Ernstes (auch der Ernsthaftigkeit) gilt für den Bereich Herz und Lunge. Beide Organe schlagen und atmen ohne unser Zutun im kosmischen Rhythmus. Die Ernsthaftigkeit sichert somit das Leben und die Erhaltung des Lebens. Ein Verstoß gegen den Ernst bewirkt Schwächung der beiden Organe, bis hin zum asthmatischen Anfall oder Herzinfarkt. Dabei kann ein übertriebener Ernst (Managerkrankheit), genauso negativ wirken wie überzogener Witz oder Spaß, der nicht der Freude entspricht. Im Ernst ist auch die Freude enthalten.

Der Kosmos kennt keinen Spaß oder Witz, wohl aber die Freude, welche keinerlei Sprache oder Äußerlichkeiten bedarf, sondern als innerer Wert nach außen strahlt. Schadenfreude ist auch hierbei die negative Polarität und führt zu Belastung. Freude bedarf keines Geldes und keiner Macht. Zur Entspannung und Erholung (z.B. besinnlicher Urlaub) ist die Freude unabdingbar, um Körper und Seele wieder ins Gleichgewicht zu bringen.

Freude ist nicht von materiellen Gedanken abhängig, sondern fließt durch selbstloses Handeln ohne Erwartung eigener Vorteile. Würden diese Gesetzmäßigkeiten in der Welt gelebt, gäbe es weder Arbeitslosigkeit noch Hunger. Die Freude, jemanden wiederzusehen, kann größer sein als die Freude über Geld und Gold. Leider wird heute die kosmische Freude sehr oft in Spaß oder Witz (Party) umgepolt und ebenso der Ernst verkehrt verstanden.

5. Die Weisheit:

Gegenpol zur Weisheit = Reines Wissen ohne Umsetzung,
Intellekt
Lokalisation = Magen/Leber/Milz/Nieren

Beispiel: Wenn ein Mensch alles Wissen dieser Erde besäße und würde nicht in kosmischer Weisheit handeln, der bliebe nur ein wissender Tor, welcher ohne die Tat zu leben, ein *geistig Toter* wäre, der trotz sehenden Auges blind – und trotz hörender Ohren taub bliebe.

Gegen die Weisheit handeln, heißt trotz besserem Wissen etwas tun, was im Inneren von Empfindungen abgelehnt wird.

Beispiel: Der Raucher und der Alkoholiker wissen beide, dass sie ihrem Körper schaden. Sie handeln jedoch trotz besseren Wissens gegen die Weisheit und schädigen als Folge damit ihre Organe. Weisheit kann im richtigen Moment auch Schweigen bedeuten, um eventuelle, weitere Streitereien zu vermeiden. Wer Recht hat, ist weise, wenn er nicht darauf pocht. Mit all unserem Wissen und der Diplomatie haben wir Menschen es nie geschafft, einen Krieg oder eine Krise zu vermeiden. Anstatt zu handeln, wollen wir mit Wissen und Tricks zum eigenen Vorteil „ver"-handeln und zerstören somit die Tat = die Handlung = die Weisheit. Beim Magengeschwür wird die Wut und der Ärger auf die Magennerven übertragen. Ärgert man sich trotzdem weiter, obwohl wir wissen, dass dies uns schadet, kommt es zur Krankheit = dem Magengeschwür.

6. Der Wille:

Gegenpol zum Willen = der Eigenwille
Lokalisation = Lendenwirbelsäule/Nabel/Unterbauch

Der göttliche Wille ist nicht der Eigenwille des Menschen, mag er es auch „noch so gut" meinen. Ein starker Eigenwille wird oft durch Schmerz im LWS–Bereich gebrochen.

Beispiel: Ein sturer Geschäftsmann, der rücksichtslos handelt und für seinen Erfolg Menschen schadet, verstößt mit seinem Eigenwillen und dem Motiv des Egoismus gegen den göttlichen Willen. Dieses kann bedeuten, dass er im unteren Lendenwirbelbereich Schmerzen bekommt oder erkrankt. Hexenschuss, Bandscheibenschäden, Ischias u.a. beugen dann seinen Willen und seinen Körper. Er geht vor Schmerz gebeugt. Dies kann bis zum Bruch des Eigenwillens durch Unfall (Rollstuhl), oder Morbus Bechterew eine Versteifung der Wirbelsäule führen. Auch der fehlende Wille loszulassen bei Trauer und Schicksalsschlägen, macht sich in diesem Bereich bemerkbar. Der göttliche Wille der Ordnung lässt immer die Wechselwirkung zur Selbstformung zu, er beeinflusst sie niemals einseitig. Der Mensch handelt umgekehrt. Er nutzt den Eigenwillen zur Durchsetzung seiner meist selbstsüchtigen Ziele und glaubt ein Recht hierauf zu haben, z.B. das Recht auf Atom-Kraft, das Recht zur Kriegsführung, das Recht auf Gen-Technik, das Recht auf Massentierzucht, das Recht zum Töten, das Recht zur Verurteilung, und verurteilt sich damit selbst – denn, der göttliche Wille nimmt sich kein Recht! Er lässt es geschehen – nach dem Gesetz von Ursache und Wirkung, ohne zu urteilen und zu richten.

7. Die Ordnung:

Gegenpol zur Ordnung = die geistige Unordnung
Lokalisation = Steißbein u. kleines Becken/
         unterer LWS-Bereich/Geschlechtsorgane

Die kosmische Ordnung beruht auf geistigen, geordneten Gesetzmäßigkeiten; z.B.: die Ordnung der Gedanken vor Handlungen oder Gesprächen. Diese Ordnung ergibt die Klarheit, Wesentliches vom Unwesentlichen zu trennen. So erhält sich geistige Ordnung und trägt zur Harmonie bei.

Beispiel: Die sexuelle Ordnung bedingt ein Einhalten gewisser Grundsätze auch im Körperlichen. Sexuelle Praktiken, welche zur erhöhtem Lustgewinn dienen und auf nicht „normale" Weise durchgeführt werden, verstoßen gegen die Ordnung. Die Folgen sind nicht selten Krankheiten des Unterleibes, der Geschlechtsorgane und der LWS (Aids). Eine in Ordnung befindliche Partnerschaft wird auch ohne übertriebene Sexualität in Harmonie leben. Ordnung heißt auch, nicht Partnerwechsel zu haben. Lesbisch und schwul sind zwar keine Straftaten mehr, gehören jedoch eindeutig nicht in die kosmische Ordnung. Würden alle Menschen lesbisch und schwul werden, würden wir in einigen Generationen aussterben. Dies ist kosmisches Gesetz in seiner Wirkung, weil nicht in der Polarität gelebt wird. Hieraus können Konflikte und soziale Unordnung entstehen, wie wir sie heute durch Trauung und Gleichstellung solcher Paare mit normalen Ehen haben.

Die Ordnung auch in Wirtschaft und Politik richtet sich zwar nach vielen Paragraphen und Gesetzen, entbehrt jedoch oftmals der kosmischen Ordnung. Als Resultat sehen wir eine erhöhte Arbeitslosigkeit und eine Machtgier der Konzerne. Die wirtschaftliche

Ordnung sollte sich am Gemeinwohl und der Achtung vor den Naturgütern ohne ihre Ausbeutung orientieren. Sonnenenergie und Wasserkraft stehen hier als erste Ordnung in der Energiegewinnung. Die Monopolstellung vieler Konzerne wird in der Zukunft durch Einbrüche im Gewinnstreben und Veränderung der Rohstoffe in ihre Grenzen der Ordnung verwiesen werden.

Somit ist die Ordnung das elementare Grundprinzip in der Materie (z.B. Atome, Moleküle), auf welcher sich unsere Welt aufbaut.

Die Durchdringung der sieben superstabilen kosmischen Wellen untereinander macht sie gleichwertig und speziell zugleich. Zwischen ihnen besteht eine ständige Wechselwirkung mit Ausgleicheffekten, Turbulenzen, welche sich auch unmittelbar auf die Psyche und den Körper auswirken. Somit bestimmen Verstöße (Ursachen) gegen diese sieben Grundkräfte auch die Wirkung auf unserem Planeten Erde.

Der Geist des Menschen ist den geistigen Gesetzmäßigkeiten unterworfen. Würde er sie achten, könnte es zu Harmonie und Frieden auf diesem Planeten kommen. So aber verstößt er mit seinem freien Willen ständig gegen diese geistigen Gesetze. Er baut hierdurch ein Spannungspotenzial auf, welches Körper und Seele belastet und welches er wieder abtragen muss. Dies geschieht durch Schicksalsschläge, Krankheit oder Katastrophen. Auch Konflikte mit all ihren Auswirkungen werden so erzeugt.

Das Gesetz von Ursache und Wirkung *(was du säest, wirst du ernten)* lässt keinen Zufall zu, auch wenn wir diesen Zufall als solchen bezeichnen und nicht verstehen. Würde der Mensch sein Bewusstsein im Rahmen der kosmischen Gesetze entwickeln, würde er den so genannten „Zufall" als ihm zugefallen durch Anziehung und Anwendung der kosmischen Gesetze, als Ernte der eigenen Saat verstehen lernen. Dies hätte zur Folge, dass alle Gedanken vor Ausübung einer Handlung einer Selbstprüfung unterlägen, welche bei Anwendung der kosmischen Gesetzmäßigkeiten zur Harmonie und Frieden führen würden. Damit hätten wir einen Teil des so genannten Paradieses auf die Erde geholt, auch wenn noch die Materie als Äußerlichkeit überwiegt. Dies setzt jedoch voraus, dass alle Menschen und Religionen sich diesen Gesetzen neu und unvoreingenommen öffnen und die Kirchen sich von Dogma und Macht trennen und sich auf einen neuen gemeinsamen Nenner verständigen oder einigen.

In der Medizin könnte so ein neues Verständnis für Krankheiten und ihre ganzheitliche Behandlung gefunden werden. So sind auch alle sieben geistigen Frequenzen auf Erkrankungen des Körpers übertragbar, da die Seele den Körper als Hilfsmittel zur Ausleitung negativer Energien benutzt und auch braucht.

Grundlagen:

Ein gesundes, offenes und ständig sich entwickelndes Bewusstsein ist die Grundlage zur Anwendung der kosmischen Gesetzmäßigkeiten. Äußerlichkeiten spielen hierbei keine wesentliche Rolle. Ohne kosmisches Bewusstsein zu leben, heißt geistig tot zu sein. Es ist wie ein Radio oder Fernsehempfänger, den man nicht einschaltet und so nichts wahrnimmt. Ich darf hier wieder zitieren:
„Wehe denen, die trotz sehenden Augen blind, und trotz hörenden Ohren taub sind, sie werden die ‚geistig Toten' genannt werden."

Diese Entwicklung können wir auf unserer Welt zunehmend feststellen. Denken wir nur an die Kriege und Konflikte in all den Ländern mit ihren Folgen. Hier erreichen wir trotz Computerzeitalters und Technik immer mehr die Zustände des Mittelalters. Auch die religionsabhängigen Konflikte zeigen, dass auch hier nichts dazugelernt wurde und Dogma und Machtdenken die Konflikte weltweit schüren. Es erhebt sich die Frage: Warum?

Nun – Bewussteinsentwicklung lässt sich nicht mit Zeitspannen oder Lernklassen messen. Sie ist vielmehr ein Produkt des Geistes aus der Freiheit, der Offenheit und dem Mut zur Erkenntnis und der daraus folgenden Handlung. Darum ist jeder Vergleich und jede Beurteilung eines Bewusstseins in Zeitgeist der Schöpfung immer lückenhaft und damit zum Scheitern verurteilt. Allein in der Weisheit des Handelns, nicht des Wissens allein, sind Erkenntnisse über Bewusstseinstand möglich.

Der objektive, geistige Mensch wird Bewusstsein als im Augenblick Erkennbares, mit der Chance zur Umsetzung in die Tat erkennen. Bewusstsein ist somit der Weg zur Selbsterkenntnis im

Rahmen der Gebote Gottes bzw. der Schöpfung. Welchen Weg der Einzelne hierbei geht, liegt allein in der Freiheit und Liebe Gottes, welche jede Seele durch Freiheit so führt, wie es gut für sie ist. Jeder Mensch bzw. jede Seele ist somit ein Teil des Ganzen im ewigen Bewusstsein der Schöpfung. Dabei müssen wir davon ausgehen, dass Bewusstsein sich nicht nur auf Lebewesen aller Art beschränkt, sondern dass auch Elektronen und Atome in ihren Ordnungskräften Bewusstsein besitzen.

Man könnte nun fragen, woher weiß das Elektron, mit welcher Geschwindigkeit, in welchem Abstand und in welcher Menge es um den Atomkern kreisen muss, um so nach dem geordneten Periodensystem der Elemente jeweils ein spezifisches Element zu erzeugen? Somit können wir sagen:

Alles ist Bewusstsein!

Die Materialisation unseres Bewusstseins und der daraus entspringenden Gedankenkräfte lassen Häuser, Autos, Industrieanlagen, Medizin, aber auch Bücher und philosophische Ideen entstehen. Somit ist nichts tot. Den Begriff „tot" nutzt der Mensch, um unausweichlichen Konflikten mit seinem Bewusstsein zu entrinnen. Es ist leicht zu behaupten „da ist nichts mehr", weil man es sowieso nicht mit unseren materiellen Möglichkeiten (Messgeräten) beweisen kann. Hieraus entsteht dann eine endgültige, aus der Verzweiflung und Ohnmacht entstehende Ignorierung allen Seins, also auch des Geistig-Seelischen.

Zu lange Trauer ist ein Produkt der Verzweiflung beim Verlust eines lieben Menschen bzw. des Nichtwissens und dient letztlich weder dem verwandelten Leben (Tod) noch dem Lebendigen selbst. Ein wissender weiser Mensch wird nicht zu lange trauern, sondern im festen Glauben der von uns gegangenen Seele in Gedanken folgen und für sie beten. Der Glaube als geistige Frequenz erhält die Verbindung zur Unendlichkeit und Vollkommenheit aufrecht. In der 7. Dimension, der Vollkommenheit, löst sich der Glaube in Wissen und Weisheit im ewigen Sein auf. Bis zur 7. Dimension weicht er stufenweise mehr und mehr der Erkenntnis und der Weisheit.

Gesetzmäßigkeiten in Krankheiten und Medizin

Im Allgemeinen wird die Krankheit nur negativ bewertet. Sie gehört jedoch mit ihrer Polarität als Gegensatz zur Gesundheit. Somit ist die Krankheit im Leben Begleiter zur Bewusstseinsentwicklung. Viele Menschen würden ohne Krankheit nicht zu der notwendigen Erkenntnis gelangen. Die Frage ist lediglich, wie der Einzelne damit umgeht! Erkennt er die Krankheit als Folge seines Verhaltens (*Ursache und Wirkung*) und zieht daraus Erkenntnisse, welche er in die Tat (Weisheit) umsetzt, so ist dies eine positive Weiterentwicklung seines Bewusstseins und damit auch der Lebensqualität.

Wird jedoch die Krankheit als Feind betrachtet und mit allen Mitteln nur bekämpft (Chemie) und etwa nicht begleitet (Naturheilkunde), wird sie nur verdrängt und bricht dann erneut in ähnlicher Form wieder aus. So kann die Krankheit auch Freund sein, wenn durch ihre Annahme der seelische Prozess, welcher in jeder Krankheit wirksam ist durch Einsicht und Verhaltensänderung zur Ausheilung führt.

Einige Beispiele des
Ursache- und Wirkungsprinzips
der superstabilen Wellen
auf Körper und Seele:

1. Kraftfeld (Welle) der Barmherzigkeit:

Gegenpol = Mitleid, Unbarmherzigkeit

Nicht gelebte Barmherzigkeit führt zu Störungen in Kopfbereich, besonders Schädeldach und Hypophyse mit Hypothalamus und Gehirn. Krankheiten wie Migräne, Kopfschmerz, Hormonstörungen, Durchblutungsstörungen, Depressionen, Schlaganfälle, Alzheimer, Demenz sind u.a. auf solche Verstöße gegen die Barmherzigkeit zurückzuführen.

Neben der Behandlung des Körpers muss also eine Behandlung der Seele erfolgen, welche nur durch Selbsterkenntnis erfolgen kann. Gegenspieler der Barmherzigkeit ist das Mitleid, welches die Schöpfung nicht kennt. Weder Tier- noch Pflanzenwelt besitzen Mitleid. Auch der Mensch besitzt es von Natur nicht, macht es sich jedoch zu Eigen, was oft zu Selbstmitleid und Depression führt. Mitleid (Bedauern) hilft einem Kranken wenig, denn es vertieft sein Selbstmitleid. Barmherzigkeit in Form von Hilfe und Aufklärung tut manchmal weh, führt jedoch zur Heilung von Körper und Seele.

2. Kraftfeld (Welle) der selbstlosen Liebe:

Gegenpol = egoistische, egozentrische Liebe

Selbstlose Liebe (kosmische Liebe) erwartet nichts, sondern verschenkt sich immer wieder neu ohne Ansprüche und Erwartung. Das Zentrum des Kraftfeldes liegt beim Menschen im so genannten „dritten Auge" im mittleren Stirnbereich. Krankheiten in dieser Region entstehen aus Lieblosigkeit, Eigenliebe, d.h. Ego und die negativen Abarten der Liebe wie Pornographie, überzogene Mutterliebe, Hobbyliebe, egozentrische Tier- und Partnerliebe, Eifersucht, was letztlich in Hass übergehen kann.

Auch eine positive Liebe zu sich selbst (*liebe deinen Nächsten wie dich selbst*) ist nötig, um selbstlose Liebe weitergeben zu können. Denn was ich nicht besitze, kann ich nicht weitergeben. So gilt es, auch den Körper in der Krankheit zu lieben, um eine Heilung zu ermöglichen. Auch Essgewohnheiten, Rauchen und Trinken sollten unter diesem Aspekt für den Körper geprüft werden. Das Gleiche gilt für sportliche Überforderungen oder für Bewegungsmangel.

Damit ist die selbstlose Liebe wohl eines der Kraftfelder, gegen das am meisten verstoßen wird. Heute wird in der Krankheitsbehandlung in der Regel darauf geschaut, wie schnell und mit welchem Aufwand habe ich den größten sog. Erfolg. Was herauskommt, sind oftmals Scheinheilungen, da die Motivation der meisten Heilberufe sich am Verdienst orientiert. Die Auswirkungen sehen wir heute im Gesundheitswesen.

3. Kraftfeld (Welle) der Geduld

Gegenpol = die Ungeduld

Das Zentrum der Geduld sitzt im Nacken und in der Schilddrüse. Wer kennt nicht den Ausspruch: „Es sitzt mir etwas im Nacken", oder „Ich bekomme gleich einen dicken Hals, wenn ich dir zuhöre". Oft fehlt uns die Geduld, dem anderen zuzuhören, oder die Geduld mit uns selbst. Der Gegenspieler der Geduld ist die Ungeduld.

Krankheiten wie Nackenverspannungen, Nackenschmerzen, Halsschmerzen und Schilddrüsenerkrankungen sind auf eine Störung des Zentrums der Geduld zurückzuführen. Die Geduld, eine Krankheit zu ertragen bis zu Ausheilung, fehlt heute den meisten Menschen und damit auch der Lernprozess, sich in der Ungeduld zu erkennen. Krankheiten wie Krebs erfordern von Arzt und Patient auch Geduld zur Heilung.

Starke Therapien, wie Chemotherapie und radioaktive Bestrahlungen, sind nur kurzzeitige Hilfen und sollten anschließend womöglich naturheilkundlich und seelisch behandelt werden. So könnte man Metastasen verhindern, wie sie oft nach solchen massiven Therapien auftreten.

Ein Vorbild für Geduld ist die Natur, welche vieles durch den Menschen über sich ergehen lässt. Auch die Jahreszeiten fordern immer wieder die Geduld in Wachstum und Abbau. Jeder Samen muss geduldig sein Erwachen und sein Wachstum abwarten. So braucht auch die Entwicklung eines Kindes die nötige Geduld, ausgetragen zu werden.

4. Kraftfeld (Welle) des Ernstes

Gegenpol = Gleichgültigkeit, Beliebigkeit, Spaß

Das Zentrum des Kraftfeldes des Ernstes sitzt im Bereich des Herzens und der Lunge. Die Polarität des Ernstes ist die Gleichgültigkeit. Ernst und Freude sollten im Gleichgewicht (Harmonie) sein. Ein Verstoß gegen die Ernsthaftigkeit kann eine Überforderung, d.h. Nichteinhaltung meiner Grenzen sein.

Anderseits kann nicht gelebte Freude das Zentrum des Ernstes überlasten. Spaß und Witz haben nichts mit Freude zu tun und können die innere Freude nicht ersetzen. Ein freudiges, inneres Strahlen kann auch ohne Worte stattfinden, z.B. wenn die Freude aus den Augen und dem Gesicht zu lesen ist. Die Schöpfung und die Natur kennt keinen Spaß und Witz, allein die Freude wirkt in ihr.

Verstöße gegen den notwendigen Ernst erzeugen Turbulenzen in dessen Zentrum. Die Folge können Erkrankungen in Bereich des Herzens und der Lunge sein. Ein klassisches Beispiel ist der Herzinfarkt beim gestressten Manager. Durch Nichteinhaltung der Freude und des Ernstes kann aber auch zu Verkrampfungen führen. Die Atmung wird blockiert und es kommt zu asthmatischen Anfällen. Erst die gelebte, innere Freude kann dies wieder lösen. Überzogene Freude kann umgekehrt ebenfalls zu Verkrampfungen führen. Es gilt also, das Gleichgewicht zu halten.

5. Kraftfeld (Welle) der Weisheit:

Gegenpol = das Wissen

Das Zentrum der Weisheit liegt im Bereich des Oberbauches und damit der Organe: Magen, Bauchspeicheldrüse, Leber, Milz und im Rückenbereich der Nieren und der unteren BWS/Brustwirbelsäule. Verstöße gegen die Weisheit werden meist aus dem intellektuellen Wissen begangen. Reine Wissensentscheidungen bedeuten nicht gelebte Weisheit.

Beispiel: Ein Mensch hat Recht und besteht darauf, sein Recht bei anderen durchzusetzen. Dies führt zu Konflikten, welche über den Nervus Vagus das Sonnengeflecht aktivieren und zu erhöhter Magensaftproduktion anregen. Wird dieser „rechthaberische" Konflikt nicht gelöst, kann es zu Magenschleimhautentzündungen und letztlich zum Magengeschwür oder Krebs führen.

Anderes Beispiel: Der Alkoholiker trinkt wider besseres Wissen Alkohol, also gegen die Weisheit, was zur Zerstörung der Leber führt (Zirrhose). Wider besseres Wissen oder gegen Empfindungen zu handeln bedeutet ein Verstoß gegen das Kraftfeld der Weisheit. Alle Organe in diesem Bereich können hierdurch erkranken.

Wissen ersetzt nicht Weisheit. Gelebte Weisheit führt aber zu Erkenntnis und höherem Bewusstsein. Harmonie zwischen Wissen und Weisheit verhindert Turbulenzen im Bewusstseinszentrum und damit Störungen und Erkrankungen. Die heutigen Seuchen wie Aids, BSE und andere sind aus Verstößen gegen die Weisheit (wider besseres Wissen) durch Massentierzucht und Geldgier entstanden. Dadurch hat die Natur reagiert nach dem Gesetz von Ursache und Wirkung.

6. Kraftfeld (Welle) des Willens

Gegenpol = der Eigenwille

Das Zentrum des Willens liegt im Bereich der LWS und des Unterbauches (Dünndarm, Dickdarm). Erkrankungen der LWS führen zur Beugung des Eigenwillens und damit auch zur Beugung der Wirbelsäule. Geistige versteifende Haltungen im Eigenwillen führen damit zur Erkrankung der LWS und BWS (Morbus Bechterew).

Beispiele: Obstipation und Durchfall entstehen durch Verkrampfung oder Entzündung der Darmorgane, wobei der Eigenwille die Stärke der Erkrankung bestimmt. Der göttliche Wille ist Zulassung der Dinge, ohne sie zu verdrängen.

Der Eigenwille ist die auslösende Kraft zur Erkrankung der Organe LWS, Dünndarm, Dickdarm. Er steht in Polarität zum göttlichen Willen, der frei ist von Egoismus (Selbstsucht) und die Geduld und Selbstlosigkeit als Grundlage hat. Wird der Eigenwille nicht erkannt und abgebaut, kommt es zur Beugung der Wirbelsäule und damit zur Beugung der Seele. Der Eigenwille frisst sich auch im Darm fest. So entstandene Darmkrankheiten können letztlich nur durch den Abbau von Eigenwillen geheilt werden.

Ein gesunder Wille ist jedoch zur Lebensführung unbedingt nötig. *„Ich kann nicht"* heißt oft *„ich will nicht"* und zeigt hier einen fehlenden Willen.

Der Wille gesund zu werden
ist bereits der Weg zur Heilung.

7. Kraftfeld (Welle) der Ordnung:

Gegenpol = die Unordnung

Das Zentrum der Ordnung liegt im Bereich des Steißbeins und der Blase, sowie des kleinen Beckens. Erkrankungen von Geschlechtsorganen, Blase, After, Enddarm und Steißbein lassen auf eine Nichteinhaltung der Ordnung schließen. Partnerschaften, welche „nicht in Ordnung" sind, zeigen sich oft durch Erkrankungen an Hoden, Eierstöcken und Gebärmutter.

Auch Erkrankungen durch Homosexualität und lesbische Neigungen können ihre Ursache in der Nichteinhaltung der kosmischen Ordnung haben. Es steht uns nicht zu, über diese Menschen zu urteilen, jedoch sollten sie sich dieser Gesetzmäßigkeiten bewusst werden, um neue Entscheidungen treffen zu können. Verstopfung und Durchfall, Hämorriden und Schließmuskelbeschwerden bei Blase und Darm, weisen auf eine Unordnung im Loslassen von Problemen hin.

Eine übertriebene äußere Ordnung (putzwütige Hausfrauen) kann gleichfalls auf eine fehlende, innere Ordnung hinweisen. Jedoch kann man niemals die fehlende „innere Ordnung" durch übertriebene äußere Ordnung ausgleichen. Umgekehrt kann eine fehlende, äußere Ordnung auf Schwächen der inneren Ordnung hinweisen.

Die kosmische Ordnung ist nicht die menschliche Ordnung und deshalb wird die menschliche Ordnung im Zuge der geistigen Evolution auch in die kosmische Ordnung einmünden.

Die Durchdringung aller Dimensionen des Universums durch die sieben superstabilen Wellen

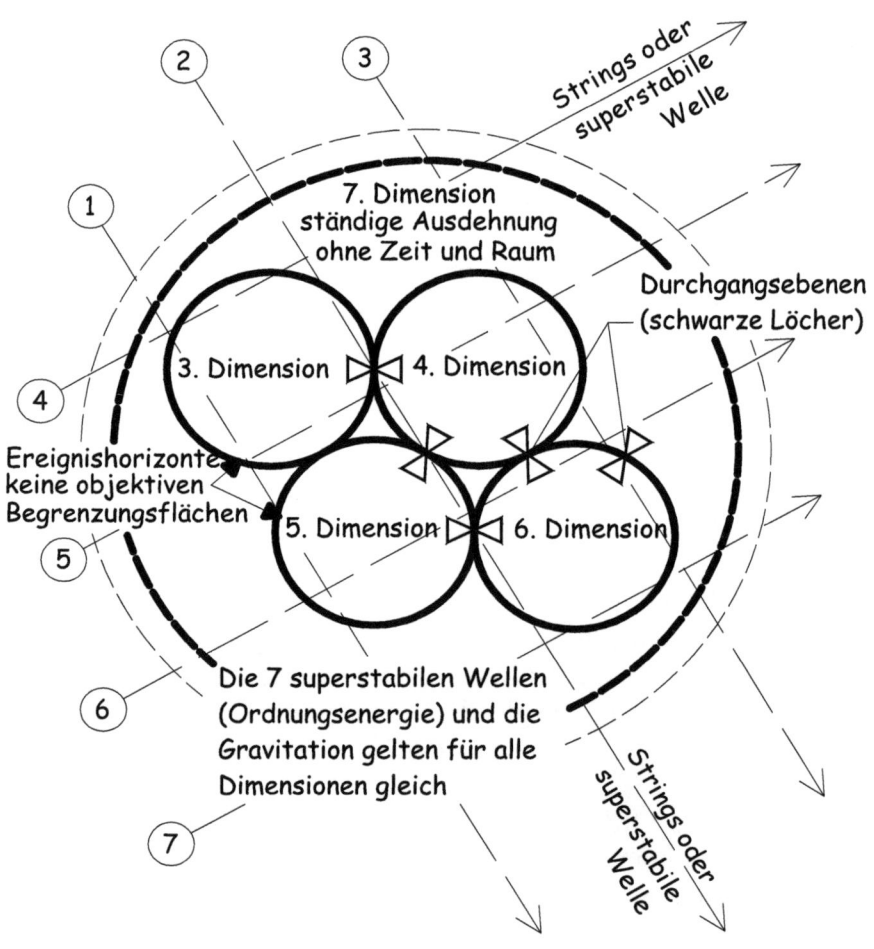

Wirkung der Frequenzen

All diese geistigen Frequenzen (Gesetze) beleben auch die Materie und den Raum. Somit ist alles Bewusstsein. Bewusstsein jedoch stirbt nicht mit dem Tod des materiellen Körpers. Vielmehr existiert Bewusstsein auf Ewigkeit ohne Zeit und Raum als Teil der kosmischen Gesamtordnung in der Schöpfung. Die Erscheinungen oder der „Fall" von so genannten Engelwesen sind Transformationen in die Materie und wieder aus ihr hinaus. Würde die Menschheit unsere Mutter Erde und seinen Nächsten unter diesen Gesichtspunkten betrachten, gäbe es keine tausend verschiedenen Religionen. Dies allein zeigt, wie weit die Menschen noch von einem gemeinsamen, kosmischen Bewusstsein entfernt sind.

Die Sprache des Körpers ist die Sprache der Seele

Geistig-seelische Grunddiagnostik
durch die Bewusstseinszentren

Das Zusammenspiel zwischen Körper und Seele ist seit Jahrhunderten ein Thema aller Völker und Kulturen dieser Erde. Was ist es, das uns daran so interessiert? Alle Religionen suchen hierauf eine Antwort, jedoch überwiegend nur in geistigen Bereichen ohne die gesetzmäßige Verbindung zur Materie.

Die Technik und Wissenschaft arbeitet in unserem Informations-Zeitalter mit Frequenzen und Informationen, jedoch ohne die Verbindung zum Geistig-Seelischen zu sehen. Dieses Wechselspiel von sichtbaren Ereignissen geschieht nach bestimmten kosmischen Gesetzen auch im menschlichen Körper.

Beispiele aus dem Volksmund:

- die Galle läuft mir vor Ärger über
-
- mir ist eine Laus über die Leber gelaufen
-
- das geht mir an die Nieren
-
- du gehst mir auf den Nerv
-
- das schlägt mir auf den Magen
-
- es brach ihm das Herz
-
- es macht mich wie gelähmt usw.

Ist es also nur Zufall – oder gibt es eine unmittelbare Verbindung als Wechselspiel zwischen Körper und Seele?

Die Krankheit als Polarität – ein Ausgleichsprinzip?

Was ist der Körper?

- Verdichtung von Energie zur Materie
- Atome und Moleküle in bestimmter Anordnung
- Entstehung von Organen und Gewebe
- Funktionen durch Steuerungsimpulse
- Gehirn als Koordinator und Übermittler von Geist
  (Gedanken) in Nervenimpulse
  Beispiel: Aufheben und Benutzen eines Bleistifts
- Gedanke – Transformation in Nervenimpulse
- Ausführung durch den Körper

Was ist die Seele?

- Energiekörper – feinstofflich –
- Empfindungen als Informationsträger für das Nervensystem
- Individuelle Frequenz eines jeden Wesens (Fingerabdruck)

Beispiele für Wechselspiel von Körper und Seele:

- Schock (in Sekunden reagiert der Körper)
- Angst (z.B. Organverkrampfungen)
- Schmerz (besonders der seelische, ohne Organbeteiligung)

Der Kreislauf der Bereinigung

Die Bearbeitung einer Fehlhaltung

Die wahren Weisen wissen es: Wut, Hass und Neid ist negative Energie, die sich mit Hilfe der inneren Kraft in positive Energie umwandeln lässt. Jeder, der es ernsthaft versucht hat, weiß es aus eigener Erfahrung und muss es nicht mehr nur glauben: *Es geht.*

Wie aber geht diese Umwandlung vor sich? Zunächst muss man wissen: Die Wandlung findet ausschließlich in uns selbst statt, in unserem Innern. Ich kann also nur *meine* Wut umwandeln, nicht die meines Nächsten. Es ist ein innerer Prozess, den man auch Bereinigung nennen kann.

Die Bereinigung besteht aus fünf Schritten:

a) *Erkennen der eigenen Fehlhaltung,*
b) *Erweckung der Reue,*
c) *Vergeben und die Bitte um Vergebung,*
d) *Wiedergutmachen – soweit möglich,*
e) *Nicht-mehr-Tun und Verwirklichen einer positiven Alternative (Gehe hin und sündige nicht mehr).*

Im Prozess der Bereinigung wird die negative Energie, z.B. einer Wut, umgewandelt in positive Kraft, d.h. in Verständnis, Wohlwollen und innere Festigkeit. Diese Wandlung ist möglich durch die innere Kraft, die positive Kraft in uns. Ein Beispiel für die Bereinigung einer Wut könnte wie folgt aussehen.

Ein Mann rastet aus – und wieder ein

Plötzlich war der Mann ausgerastet. Alle schätzten an ihm sein freundliches und ausgleichendes Wesen. Doch jetzt war nur noch Wut in ihm. Der Abteilungsleiter hatte seinen besten Freund eines Morgens angebrüllt und vor allen anderen niedergemacht, und das aus nichtigem Anlass.

Unser Mann konnte sich nicht beruhigen. Zwar hatte er während des Donnerwetters geschwiegen, doch in Gedanken probte er pausenlos, was er bei nächster Gelegenheit dem Chef ins Gesicht sagen würde.

Am Abend zu Hause fragte er sich, was eigentlich mit ihm los sei. So kannte er sich überhaupt nicht. Woher kam diese Wut? Dabei war ihm klar: Es war *seine* Wut. Die heftige Erregung war in *ihm*. Denn die anderen, die dabei gestanden hatten, waren relativ ruhig geblieben. Einer von ihnen hatte geäußert: Das sollen doch die *beiden miteinander* ausmachen.

Unser Mann wurde etwas ruhiger, doch immer noch war Wut in ihm. Er hatte sich schon seit längerem angewöhnt, wenn er sehr erregt war, zunächst etwas Abstand zu gewinnen. Entweder ging er ein paar Schritte in der Natur, hörte Musik oder wendete sich nach innen. Danach war es ihm möglich, sich seine Wut gewissermaßen anzuschauen. Das gelang ihm nicht zuletzt deshalb, weil er diejenigen Gedanken, die seine Wut „nährten", nicht weiter in sich bewegte. Jetzt stellte er sich die Frage:

Was hat mich eigentlich so wütend gemacht?
Was hat mich so in Rage gebracht?

Da fiel ihm ein: Es war das Niedermachen, einfach den anderen fertig machen, und das auch noch vor der ganzen Abteilung. Und der Betroffene konnte sich nicht einmal wehren. Hätte er sich verteidigt, wäre es für ihn vermutlich nur noch schlimmer geworden. Das war es, was er einfach nicht hatte ertragen können.

Aber warum hatte es nur *ihn* so aufgeregt, die anderen wenig oder gar nicht? Ja, warum? Sollte seine Erregung mit ihm selber etwas zu tun haben? Ihm fiel eine Regel ein, von der er erst vor kurzem gehört hatte:

> *„Wenn dich etwas erregt oder ärgert,*
> *dann liegt Gleiches oder Ähnliches in dir!"*

Die Regel hieß **„Spiegel- bzw. Entsprechungsgesetz"**.

Ein unangenehmes Gefühl stellte sich ein: Sollte er etwa selbst so etwas an sich haben – andere niederzumachen? Er dachte nach. Da fielen ihm plötzlich Situationen ein – Einladungen, Sitzungen, Arbeitstreffen, gesellige Abende, Partys ... Er hatte eine scharfe Beobachtungsgabe und einen analytischen Verstand. Und wenn er ehrlich war: Er hatte eigentlich jeden eingestuft, auf- oder abgewertet und sich im Grunde über jeden gestellt. Vor allem die, die ihm Konkurrenz zu sein schienen, hatte er in Gedanken niedergemacht. Das alles lag zwar schon eine Zeit lang zurück. Aber diese Haltung war offensichtlich noch in ihm. Seine heftige Reaktion auf das Verhalten des Vorgesetzten war der Beweis: So freundlich und harmlos, wie er sich gab und wie er zu sein glaubte, war er – zumindest in seinem Unterbewusstsein – noch nicht.

Schmerzlich, aber wahr. Es begann ihm Leid zu tun, dass er manche seiner Mitmenschen in Gedanken niedergemacht oder auch schon mal mit Worten verletzt hatte. In Gedanken bat er dafür um

Vergebung. Und es fiel ihm ein Bekannter ein, auf den er zugehen würde, um ihn um Verzeihung zu bitten. Denn ihn hatte er einmal vor einer ganzen Gesellschaft regelrecht lächerlich gemacht.

Jetzt nahm er sich vor: Immer, wenn er einem Menschen begegnete und sich eine Abwertung in Gedanken einstellen wollte, einfach umzuschalten und zu fragen:

Was hat mein Gegenüber Positives an sich?

Zudem wusste er: Wer andere abwertet, hat Erwartungen ... Die würde er ab jetzt zurücknehmen und die Regel beachten:

Was ich erwarte, sollte ich selber entwickeln bzw. einbringen.

Diese Vorsätze schrieb er in sein Tagebuch, um sich täglich daran zu erinnern und das neue „Programm" einzuüben.

Menschwerdung in der Materie:

Eintritt in die Lichtgeschwindigkeit } Urblitz
die Entwicklung zur Materie   } (Urknall)

Stoffliches Universum   Feinstoffliches Universum
sichtbares Licht = Photonen   schneller als sichtbares Licht

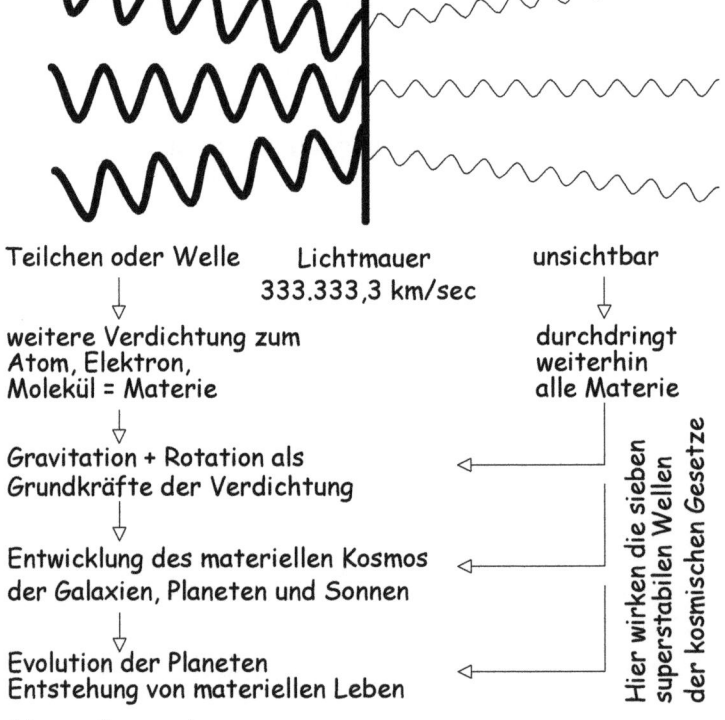

Teilchen oder Welle   Lichtmauer   unsichtbar
↓   333.333,3 km/sec   ↓

weitere Verdichtung zum   durchdringt
Atom, Elektron,   weiterhin
Molekül = Materie   alle Materie

↓   ↓

Gravitation + Rotation als   ←────
Grundkräfte der Verdichtung

↓

Entwicklung des materiellen Kosmos ←────
der Galaxien, Planeten und Sonnen

↓

Evolution der Planeten   ←────
Entstehung von materiellen Leben

Hier wirken die sieben superstabilen Wellen der kosmischen Gesetze

Menschwerdung --> (Verdichtung der geistigen Hülle)

Die Materie als Resonanzboden
für superstabile kosmische Wellen:

Sichtbare Sonne : Natur, Wachstum, Tag, Nacht, Hormone, Photosynthese, Information.

Die nicht sichtbaren 7 superstabile Wellen durchdringen alle Materie, so auch den Körper des Menschen.

Vitamine, Mineralien Salze, Metalle, Spurenelemente, Wasser bilden den Resonanzboden für die kosmischen Wellen. Wenn sie in ungenügender Menge vorliegen, entsteht Disresonanz = Krankheit für den Körper.

Polarität beachten: **Gebt dem Körper, was des Körpers ist. Gebt der Seele, was der Seele ist.**

Eine Therapie ohne materielle Grundstoffe hat eine Verminderung der Resonanz/Heilung zur Folge. Ebenso kann eine „Nichtöffnung" des Bewusstseins zum verminderten Einstrom der superstabilen Wellen führen.

Entwicklung des Bewusstseinspotenziales:

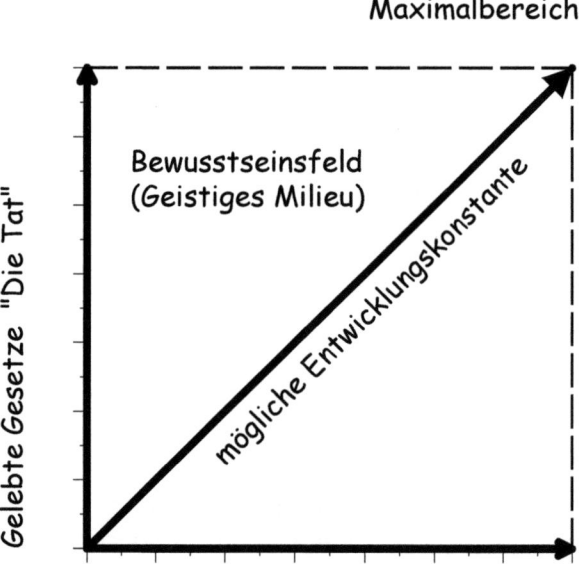

Maximalbereich

Gelebte Gesetze "Die Tat"

Bewusstseinsfeld
(Geistiges Milieu)

mögliche Entwicklungskonstante

Erfahrene Erkenntnisse:

Alltagserlebnisse,
Krankheit, Schicksal

Frequenzabweichungen von den Bewusstseinsfrequenzen:

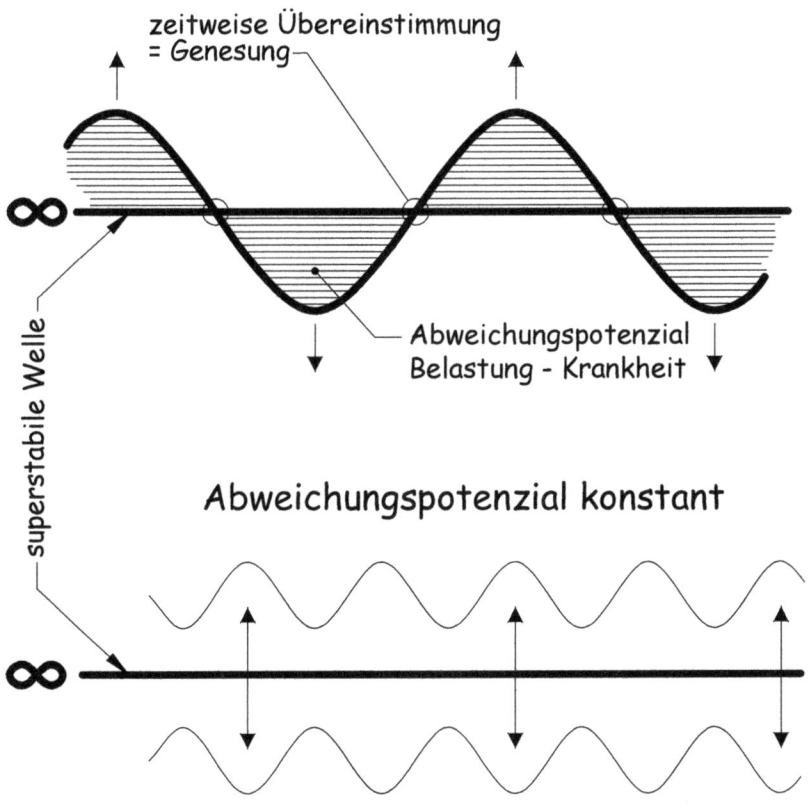

zeitweise Übereinstimmung
= Genesung

Abweichungspotenzial
Belastung - Krankheit

superstabile Welle

Abweichungspotenzial konstant

extreme Parallel-Abweichung

= starke einseitige Belastung
= schwere Krankheiten, Schicksalsschläge, Unfälle

Was ist Heilung?

Heil sein =   im Heiligen sein (in den Gesetzmäßigkeiten)

Heilig =   sich in den Gesetzen
(Schöpfungsfrequenzen)
bewegen und handeln

Unheil =   Abweichung von den Gesetzen führt zu
negativen Belastungen, zum „Unheil sein",
z.B. Krankheit, Schicksal

Wer kann heilen?

Nur die Seele selbst im freien Willen in der Umsetzung der kosmischen Gesetze in die Tat!

Was kann der Heilpraktiker/Arzt?

Anstoß zur Heilung geben.
Alle Therapien dienen hierzu.

Der Heilpraktiker und Arzt sollen jedoch die Seele und die innere Arbeit anstoßen, damit die Selbstheilungskräfte des Körpers aktiv werden können.

– Ganzheitstherapie –

Heilung oder Heilungsvermittlung?

Die größte, reinste und stärkste Heilkraft in allem Sein ist die göttliche selbstlose Liebe. Sie fragt nicht nach Anerkennung, Dank oder gar wissenschaftlicher Beweisführung. Sie verschenkt sich ständig neu dem, der sie auch selbstlos wieder verschenkt. Nur sie kann heilen!! Die Essenz der Polarität Gottes ist das ewig fließende Sein innerhalb der göttlichen Gesetze:

Der **Barmherzigkeit**, der **Liebe**, der **Geduld**, des **Ernstes**, der **Weisheit**, des **Willens** und der **Ordnung**.

Selbst ein Jesus von Nazareth sagte nie: „Ich heile dich", sondern:

„Wahrlich gehe hin, dein Glaube hat dir geholfen und sündige fortan nicht mehr."

Der Arzt und Heilpraktiker sollte sich dieser Grundordnungskräfte Gottes bewusst werden, aber auch der Verantwortung, die er für die Seelen trägt. Alle natürlichen und Apparathilfsmittel können somit nur Heilhilfsmittel sein. Sie können nicht die Gesetzmäßigkeit von Ursache und Wirkung im geistigen Bereich des Kausalgesetzes ersetzen oder bereinigen. Deshalb ist nur der heil, dessen innerer Arzt und Heiler in ihm wirken kann.

Ich wünsche Ihnen und allen Menschen dieser Erde, dass die Bewusstwerdung des göttlichen Seins aus den Herzen der Menschen fließen möge. Nur so können wir auch den größten und krankhaftesten Patienten, unsere Mutter Erde, welche durch uns krank geworden ist, wieder zum Heilsein anregen. Dies jedoch kann nicht durch Geräte geschehen, sondern nur durch Verwirklichung der göttlichen Gesetze in jedem Augenblick unseres Lebens.

Sehen wir uns als eine Blume oder Grashalm auf der strahlenden kosmischen Wiese des ewigen Lebens. Sehen wir in der Mentalität des Einzelnen die Vielfalt (nicht die Vielheit, das Ego) und in der Vielfalt die Freiheit und die selbstlose Liebe.

So wie in der Natur nur die Gesamtheit der Vielfalt eine Wiese in Duft und Farbe erstrahlen lässt, so sollte die Kosmische Wiese des ewigen Seins durch uns erstrahlen und so die kosmische Schönheit widerspiegeln. Sehen wir uns als Teil des Ganzen (Mikrokosmos – Makrokosmos) und sehen wir nicht auf den Span im Auge unseres Nächsten, sondern beseitigen wir den Balken in unserem Auge.

Wer Krankheit und Gesundheit als Polarität erkennt, wird deren Be-Handlung im göttlichen Gesetz als Hilfe zur Selbsthilfe verstehen lernen. Dann erst werden wir die tief greifende Erneuerung für Körper und Seele im Ablauf der kosmischen Gesetze begreifen und ihrer bewusst werden. Nicht sie zu verdrängen und zu steuern, sondern sie in göttlicher Verantwortung mitzutragen und fließen zu lassen, ist die Aufgabe des Heilungsvermittlers auf dieser Erde. Alle dabei anzuwenden Hilfs- und Heilmittel sollten ausschließlich unter diesem Aspekt eingesetzt werden. Das verstandesgemäße, wissenschaftliche oder geistige Behandeln unterliegt letztlich der gleichen Verantwortung vor Gott = Geist von Ewigkeit zu Ewigkeit.

Zuordnung der Bewusstseinszentren im Körper:

1. **Barmherzigkeit**: = Hypophyse, Hypothalamus, Schädeldach

2. **Liebe** (selbstlos): = Stirn, Augen, Nasennebenhöhlen, Schläfen, Ohren

3. **Geduld**: = Schilddrüse, Nebenschilddrüse, Nacken, HWS

4. **Ernst**: = Herz, Bronchien, Lunge, Thymus

5. **Weisheit**: = Magen, Pankreas, Nieren, BWS, Leber, Milz

6. **Wille**: = Dünndarm, Dickdarm, LWS

7. **Ordnung**: = Geschlechtsorgane, Prostata, Eierstöcke, Blase, kleines Becken, Hüftgelenk

Überschneidungen sind möglich, wobei das zuerst auslösende Zentrum zu beachten ist!

Der Sitz der sieben Bewusstseinszentren im menschlichen Körper und ihre energetische Fließrichtung

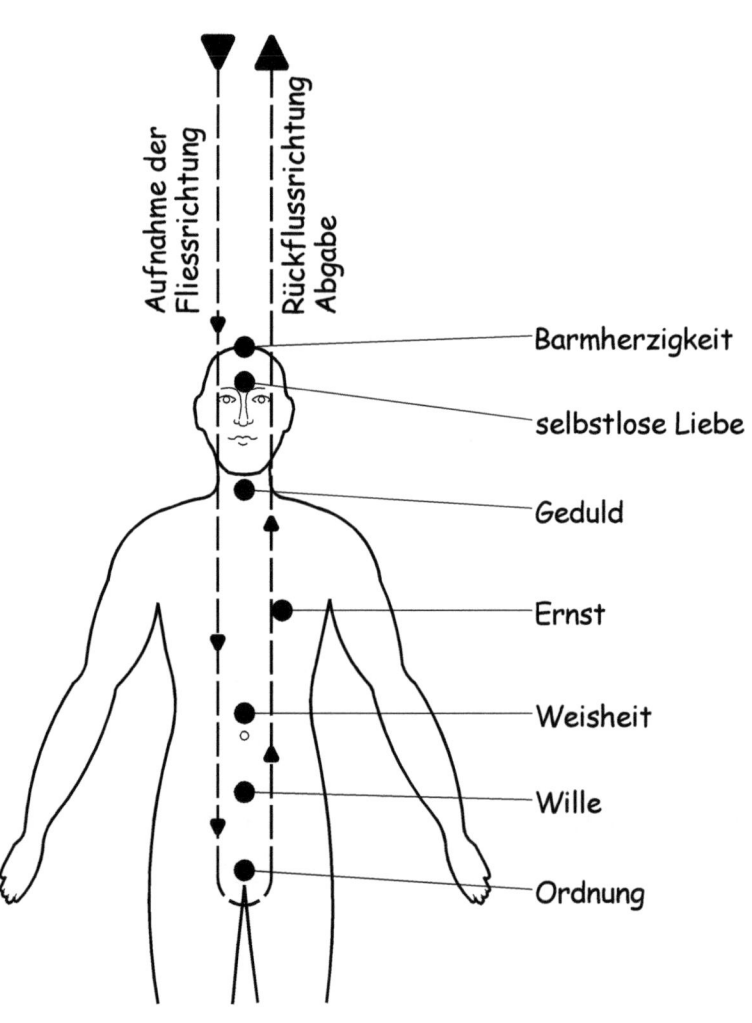

Polaritätszuordnung
der sieben Bewusstseinszentren:

Gegenpol:

1. **Barmherzigkeit** → Unbarmherzigkeit und Mitleid/
statt Mitgefühl

2. **Selbstlose Liebe** → egoistische, egozentrische Eigenliebe

3. **Geduld** → Ungeduld

4. **Ernst** → Gleichgültigkeit, Spaß

5. **Weisheit** → Wissen, Intellekt, fehlende Tat

6. **Wille (göttlicher)** → Eigenwille

7. **Ordnung,** → menschliche, geistige und materielle
Unordnung

Umpolung der Bewusstseinszentren
durch den Menschen:

Grundfrequenz: Umpolfrequenz

1. **Barmherzigkeit** → Mitleid, Selbstmitleid, Depression,
                           Unbarmherzigkeit

2. **Selbstlose Liebe** → egoistische, egozentrische Liebe, z.B.
                             Hobbyliebe, so genannte Affenliebe,
                             überzogene Mutterliebe, extreme
                             Körperliebe (Sex)

3. **Geduld** → Hektik, Stress, Ungeduld,
                   Unverständnis, Unruhe

4. **Ernst** → Gleichgültigkeit, Beliebigkeit,
                  Bequemlichkeit, Spaß

5. **Weisheit** → Intellekt, Besserwisserei,
                     nicht gelebte Tat

6. **Wille** → Sturheit, Eigenwille,
                  Uneinsichtigkeit, Unmut

7. **Ordnung** (innere) → Unordnung, bes. in Gedanken, äußere
                             übertriebene Ordnung, Lethargie

Die Welt ist Gottes
unendlicher Gedanke,
und göttlich der Beruf
zu denken ohne Schranke.

Nichts auf der Welt,
das nicht Gedankengut enthält,
und kein Gedanke,
der nicht mitbaut an der Welt.

Drum liebt mein Geist die Welt,
weil er das Denken liebt,
und sie ihm überall
soviel zu denken gibt.

Friedrich Rückert

Schlusswort

Der Missbrauch der kosmisch göttlichen Gesetze ist der schlimmste Verstoß gegen Gott.

Entgegen besserem Wissen zu handeln, ist ein Verstoß gegen die Weisheit Gottes – ganz zu schweigen von der Barmherzigkeit der Liebe, der Geduld, des göttlichen Willens und der göttlichen Ordnung.

Wir sehen so jeden Tag, wie diese Gesetzmäßigkeiten (geistige Frequenzen) missachtet und missbraucht werden. Dies geht vom Einzelnen über die Familie, die Gruppe, den Staat im privaten und öffentlichen Dingen aus und steuert und beeinflusst so unseren ganzen Planeten.

Wenn die Welt Frieden und Ordnung nach den göttlichen Gesetzen will, dann braucht sie diese nur zu leben, d.h. zu verwirklichen. Es stellt sich daher die Frage, ob die Menschen wirklich an Gott glauben oder nur so tun und weiterhin die Materie aus Wirtschaft und Macht als „goldenes Kalb" anbeten.

Die Menschen tanzen heute um viele goldene Kälber, ohne sich ernsthaft auf die geistige Welt auszurichten. Viele werden dies nach ihrem leiblichen Tode erkennen müssen. Keine Entschuldigung wird ihnen die schmerzhafte Abtragung im seelischen Bereich ersparen. Sie werden die *geistig Toten* genannt werden. Möge sich Gott ihrer erbarmen und uns allen die Kraft geben, diese Erde durch Befolgen der Gesetze Gottes zu erneuern.

W. Prawda